Lila Sauerschnig
Stefanie Scharaweger

Pudel nackert

Mach dich verletzlich und bereit für die Liebe

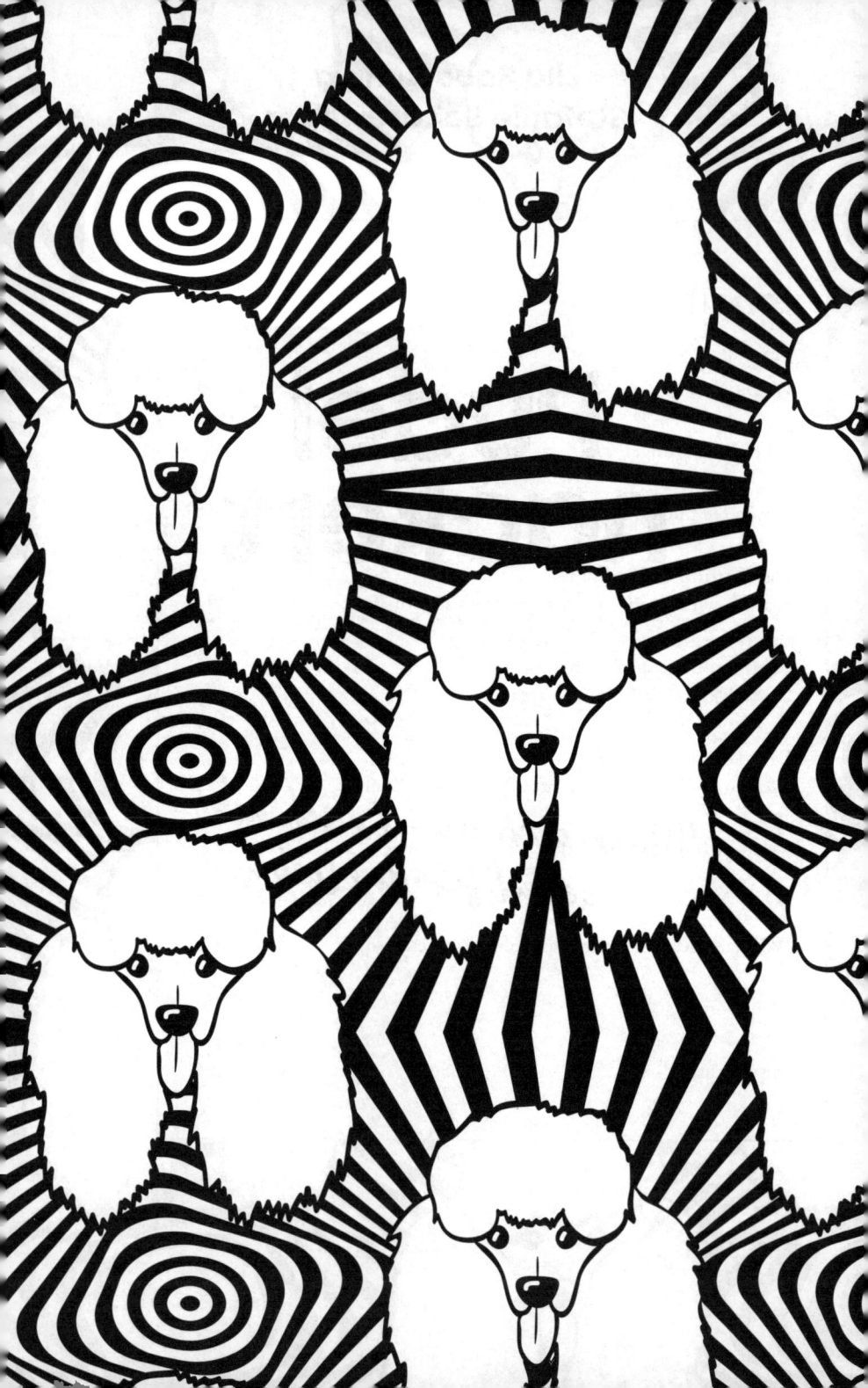

Inhalt

Prolog 4

Scheiße ist Dünger 10

Lassen Sie mich durch, ich bin eine Königin 48

Das Göttinnen-Syndrom:
Warum wir alle ein bisserl abgehoben sein dürfen 94

Achtung, Bleampl-Alarm!
No wischiwaschi Männer anymore 130

Es hat sich ausge-tinder-t!
Back to the roots und rein in die weibliche Energie 152

Mach dich bereit und verletzlich für die Liebe 206

Anhang
Wos haßt des jetzt oder Was bedeutet eigentlich? 219

Mehr von uns 222

Impressum 224

Prolog

Deine Suche hat ein Ende! Dieses Buch ist dein ganz persönlicher Schatz, vollgepackt mit allem, was du brauchst, um endlich in der Liebe anzukommen.

Wir möchten dich mit diesem Buch dazu ermutigen, Schluss zu machen. Schluss mit sinnlosen oder gar keinen Dates, mit Ghosting, Freundschaft plus, Bröserlverteilern, halb warmen Geschichten und Affären. Wir unterstützen dich dabei, mit deiner weiblichen Energie ganz entspannt den richtigen Partner in dein Leben zu ziehen. Wir helfen dir, ganz zu dir selbst zu stehen und dein Herz weit für die Liebe zu öffnen – und vor allem, alles mit ein bisserl mehr Humor und einem frechen Augenzwinkern zu nehmen. Du darfst es dir ab sofort leicht und entspannt machen und ausschließlich der Freude folgen. Wir sind dabei immer ganz an deiner Seite.

Nach diesem Buch wirst du über dich selbst, über die Liebe und die Männer anders denken und sagen: »Oh, my goddess, jaaaaa! Ich verdien das große Ganze!«

Das, was wir auf den nächsten Seiten mit dir teilen werden, ist unsere Sicht auf das Thema »Liebe & Dating«, mit der wir in unserem eigenen Leben und auch im Leben vieler unserer Soulclients unglaubliche Erfolge im Beziehungskontext erlebt haben. Musst du all unsere Schlüssel ganz genau befolgen, damit du alles richtig machst? Definitiv Nein! Dich werden in diesem Buch nämlich deine ganz eigenen Erkenntnisse erreichen. Je näher du dir selbst kommst, umso mehr wirst du außerdem spüren und wissen, was für dich richtig ist. Und genau dann ziehst du IHN an – wie ein Magnet – und auf einmal wird ER vor dir stehen.

Wen meinen wir mit ER?

Er ist nicht irgendein Mann, der sich ab und an mal meldet. Er ist auch nicht der eine Typ, an dem du noch hoffnungsvoll festhältst, obwohl du tief in dir spürst, dass er dir nicht das gibt, was du verdienst. Er ist dein Richtiger. Der Eine. Der dich liebt, so wie du bist, und dich genau so will, wie du ihn. Der sich sekündlich nach dir verzehrt. Der mit dir sein ganzes Leben teilen möchte. Für immer und ewig. Diesen Richtigen meinen wir. Deinen Richtigen. Wir können dir versichern: Genau diesen Mann gibt es für dich irgendwo da draußen. Daran glauben wir fest. Das wissen wir zutiefst. Und er sehnt sich – genau in diesem Moment – so sehr nach dir wie du dich nach ihm. Falls du gerade nicht daran glaubst und nicht daran, dass alles (wirklich alles) für dich möglich ist, dann übernehmen wir das in der Zwischenzeit für dich. Sehr gern und mit vollster Überzeugung. Wir werden dir auf den kommenden Seiten zeigen, wie du ganz zu dir stehen kannst. Wie du dich traust, dich voll auf die Liebe einzulassen. Warum das Leben leicht sein darf. Was es mit komischen Männern auf sich hat und warum du sie noch in dein Leben ziehst. Was wahre Liebe wirklich bedeutet. Warum du nichts tun musst, um sie zu finden. Weshalb du wirklich richtig bist, genau so, wie du bist, und dich niemals (!) verändern musst, um gemocht zu werden. Warum du nicht länger die Liebe suchen musst, um sie zu finden (sie ist bereits da).

Du wirst bei uns viel über dein Leben und die Beziehung zu dir selbst nachdenken und immer mehr erkennen, was du wirklich willst und brauchst. An manchen Stellen könnte ein etwas salziger Finger unsererseits zum Einsatz kommen und es ein bisserl ungemütlicher werden. Wir wollen schließlich pudelnackert ehrlich zu dir sein und dich wirklich zur Erfüllung deiner Wünsche führen. Es geht schließlich auch um deinen eigenen Anteil in deinen Beziehungen. Das kann manchmal etwas im Herzerl zwicken, aber diese Erkenntnisse sind absolut wichtig, um bei deinem Herzenswunsch anzukommen.

Mit all unseren Zeilen wollen wir dir vor allem ganz viel Energie, Fülle, Lebensfreude und Spaß mitgeben und dich – nicht nur mit unserem österreichischen Schmäh – zum Lachen bringen. Denk dran: Veränderung darf leicht sein. Du darfst dich voll darauf einlassen. Mach dich bereit und verletzlich für die Liebe.

Und jetzt wünschen wir dir ganz viel Freude beim Lesen, schönste Frau.

Warum PUDELNACKERT?

Wenn du dir jetzt denkst, pudelnackert hat etwas mit entblößten Körpern zu tun: Fehlanzeige. Wobei, so ganz unwahr ist das auch wieder nicht, denn auf unserem Podcast-Cover siehst du uns tatsächlich vollkommen unbekleidet sitzen. Nur unsere intimsten Stellen sind bedeckt. Zwar nicht mit einem Feigenblatt, aber dafür mit schwarzen Zensurbalken. Und auch wenn wir nicht besonders gschamig sind, hat unsere Freizügigkeit (und unser Mut, *hust*) hier doch ein Ende.

Wir können uns noch sehr gut an den Moment erinnern, als der Name für unseren Podcast geboren wurde. Es war ein wahrlich magischer Moment. Die Idee ist wie der Heilige Geist in uns gefahren und war bereit, von uns aufgegriffen zu werden. Vorausgegangen war ein aufregender, wochenlanger Prozess der Namensfindung, in dem wir nach einem Wort suchten, das ausdrückt, wie wir sind und wie wir leben. Echt, authentisch, ungefiltert (von Filtern halten wir nämlich überhaupt nichts) – und wunderbar österreichisch.

Pudelnackert bedeutet so viel wie »völlig nackt«. Und genau so machen wir das. Wir lassen in unserem Podcast die Hosen runter und machen uns seelisch nackt. Wir erzählen wirklich alles, halten nichts zurück und nehmen kein (Feigen)Blatt vor den Mund.

Wie klar ist es da, dass unser erstes Buch genauso heißen muss. Weil es genau darum geht. Um pudel-nackerte Offenheit. Echtheit. Verletzlichkeit. Und eine Überdosis Gfühl.

Dieses Buch möchte dich wachrütteln, zum Nachdenken und zum Lachen bringen. Daher unser Appell an dich: Scheiß dir nix und mach dich mit uns gemeinsam pudelnackert. Schau ehrlich in den Spiegel, schau in deine Seele, halt nichts mehr zurück, mach dir nichts vor und sei schonungslos (und dabei ganz liebevoll) ehrlich zu dir selbst. Um genau die Veränderung zu erwirken, die du brauchst, um ganz bei dir und in der maximalen Erfüllung anzukommen. Pudelnackert ist das neue Authentisch.

Wie du dieses Buch verwendest

Mach dieses Buch zu deinem Buch. Füll es mit deiner Liebe. Sieh es als wertvollen Begleiter auf deiner persönlichen Liebesreise. Schreib kleine Notizen hinein. Mal symbolhafte Bilder an die Seitenränder. Verwend deine Lieblingsfarben, süße Sticker, bunte Post-its, und hauch ihm Farbe und Leben ein. Tropf auch gern dein Lieblingsparfum oder -aromaöl auf gewisse Seiten, um sie mit einem besonderen Duft zu unterstreichen.

Was sich auch immer für dich richtig anfühlt: Lass dich intuitiv, weiblich auf dieses Buch und somit auf dich selbst ein. In Ruhe und Gemütlichkeit. Du hast alle Zeit der Welt. Es geht nicht darum, dieses Buch oberflächlich durchzulesen und schnellschnell fertig zu werden. Es geht darum, es fließen und wirken zu lassen und gut hinzuspüren, was dich berührt, was etwas in dir auslöst, wo du tiefer eintauchen möchtest und welche Schlüssel du für dich mitnimmst.

Vertrau ganz in dich und dein Tempo. Genau dieses Vertrauen wird einer der wichtigsten Schlüssel während dieser –

deiner – Reise sein: Ja, du darfst in dich vertrauen. Und deiner Intuition. Und darauf, dass du nach diesem Buch noch größer, noch stärker, noch liebevoller bist und dein Liebesspeicher so richtig aufgefüllt ist.

Manche Themen, die wir ansprechen, können tiefgehende und heilsame Prozesse anstoßen. Kommt ganz darauf an, wie sehr du dich mit uns gemeinsam darauf einlässt. Dabei geht es oft nur um eine Geschichte, einen Satz, ein Wort. Aber sei dir bei allem sicher, dass deine Seele sich genau das nimmt, was sie braucht. Veränderung findet immer statt. In diesem Augenblick. In dieser Sekunde.

Es kann auch gut sein, dass dir das Leben ab sofort immer wieder Erkenntnisse, Träume, Zeichen und auch Übungsaufgaben schicken wird. Lass dich vertrauensvoll und neugierig darauf ein. Du bekommst genau das, wofür du bereit bist.

Schreib auch sehr gern Tagebuch, während du dieses Buch liest. Das unterstützt dich dabei, noch umfassender in deinen Prozess einzutauchen und wichtige Erkenntnisse festzuhalten oder noch weiter darüber zu reflektieren.

Wenn du möchtest, kannst du dich auch mit einer lieben Verbündeten, Freundin, Schwester darüber austauschen, was sich in dir gerade bewegt und was du Neues für oder über dich erfahren hast. Sehr gern kannst du auch uns eine E-Mail schreiben. Alles darf sein. Alles ist richtig, wie es ist. Vergiss nicht: Herausforderungen begegnen uns immer dann, wenn wir dazu bereit sind. Das Leben arbeitet immer FÜR DICH und schickt dir all die Aufgaben, die du zum Heilen und Wachsen brauchst.

Aber das Allerwichtigste: Hab Spaß beim Lesen. Mach es dir gemütlich. Genieß die Zeit mit dir. Die wertvollste Zeit, die es gibt. Und spür, wie sich das Feld der Liebe auf jeder Seite, die du liest, mehr und mehr für dich weitet. Fühlt sich ein wenig wie Magie an, meinst du? Das ist es auch. Die kraftvollste Liebesmagie, mit der wir dich und dein Leben so sehr verzaubern werden.

Noch kurz zur Sprache

Unser Wiener Schmäh zeichnet uns beide nicht nur in unserem heißgeliebten Pudelnackert-Podcast aus, sondern darf auch ein wertvoller Teil dieses Buches werden.

Uns ist es wichtig, dass du beim Lesen unsere Stimmen »hörst« und unsere Energie fühlst, gö? So können wir uns noch mehr miteinander verbinden. Du kannst uns noch besser kennenlernen und das Buch wird noch flutschiger für dich zu lesen sein. Außerdem kannst du nebenbei noch richtig gut Österreichisch lernen – eine sehr charmante, witzige Sprache.

Wir möchten damit auch ein wenig Leichtigkeit in vielleicht manch schwere Themen reinbringen. Mit ein bisserl Spaß und Schmäh schaut die Welt gleich ganz anders aus. (Für alle Begriffe, die du nicht kennst, findest du hinten im Buch unser ganz persönliches, kleines Lexikon »Wienerisch-Deutsch«.)

Das wird leiwand – das versprechen wir dir.

Scheiße ist Dünger

In diesem ersten Kapitel verwandeln wir Scheiße in Dünger und machen daraus den buntesten und magischsten Göttinnen-Garten, den du dir nur vorstellen kannst.

Es erwartet dich nicht nur ein »Haufen Scheiße« in Form von Ex-Partnern, Opferdenken, alten Mustern oder Einsamkeit (die als richtig fette Blockaden zwischen dir und deinem Richtigen stehen). Sondern vor allem ganz viele Dünger-Momente, die dich und dein Leben befreien, bereichern und erfüllen werden.

»Scheiße ist Dünger« ist ein starker Satz, der uns schon sehr lang begleitet und uns beide auch emotional miteinander verbindet. Er ist unser Lebensmotto und hilft uns dabei, uns immer wieder aufs Neue positiv auszurichten.

Dieser Leitspruch darf ab sofort auch ein kraftvoller Schlüssel für dich sein, um auch mit schwierigen Situationen gelassener umzugehen und in deine volle Power zu finden. Du darfst dir erlauben, alles (ja, wirklich alles) mit einem zwinkernden Auge zu betrachten. Das verändert dein gesamtes Leben. Versprochen. Es nimmt die Schwere, bringt dir sofort mehr Leichtigkeit und ebnet dir den Weg zur Lösungsfindung.

Wir versprechen dir jetzt schon eins: Du hast bestimmt noch nie so oft das Wort »Scheiße« gelesen wie in diesem Buch (gewöhn dich schon mal dran).

So, und jetzt ist es ist an der Zeit, dein Leben eigenverantwortlich in die Hand zu nehmen und die Gestalterin deiner kleinen Welt zu werden. Schluss mit dem Herumgeeiere, Schwester. Verwandel deine Scheiße in Dünger und lass dich überraschen, was dadurch alles erblühen wird. Schlaraffenland-Modus on!

All by myself – Die große Chance hinter der Einsamkeit

♡ ♥ ♡ ♥ ♡ ♥ ♡ ♥ ♡ ♥ ♡ ♥ ♡ ♥ ♡ ♥ ♡ ♥ ♡ ♥ ♡ ♥ ♡ ♥ ♡ ♥ ♡ ♥ ♡ ♥

Hast du dich jemals gefragt: »Warum haben alle die Liebe gefunden, außer mir? Ich bin glücklich mit meinem Job, hab ein schönes Zuhause, gute Freunde und mag mich selbst. Warum nur ist dieser eine Bereich in meinem Leben so kompliziert? Warum fühl ich mich so einsam?« Wir haben diese Sätze in verschiedensten Variationen von so gut wie jeder unserer Klientinnen gehört und deshalb möchten wir zum Einstieg gleich mal über einen der schmerzhaftesten Scheißhaufen reden, den fast jeder von uns kennt: die Einsamkeit. Ein Gefühl, das sich bedrohlich anfühlt und oft sonntagabends so richtig brutal zuschlägt. Nicht umsonst geht es zu dieser Zeit heiß her auf Tinder und Co. Genau diese Einsamkeit treibt uns an, einen Partner finden zu wollen (ja zu müssen), da wir glauben, ohne ihn nicht vollständig zu sein.

Es gibt da einen spannenden Glaubenssatz, der dir vielleicht bekannt vorkommt: Wenn ich einen Partner hätte, wäre ich nicht länger einsam. Und, schwuppdiwupp, wird die Einsamkeit mit dem Single-Sein verknüpft. Gleich mal vorweg: Ob Single, in einer Beziehung, Manderl oder Weiberl – es kann uns alle treffen. Es gibt sogar einsame Paare. Hat also nichts mit deinem Beziehungsstatus zu tun. Eher damit, wie sehr du davon überzeugt bist, es wert zu sein, eine tiefe Verbindung mit einem Mann einzugehen. Wie sehr du glaubst, dass Liebe etwas ist, das du nur bekommst, wenn du endlich gut genug bist.

Du darfst genau jetzt damit aufhören, das zu denken. Lenk dich nicht weiter ab, nur um dich nicht mit deiner Einsamkeit beschäftigen zu müssen. Lass uns konkreter werden: Um dich nicht mit DIR, deinen Schatten, deinem Schmerz, deinen Ängsten beschäftigen zu müssen. Willst du dich verbundener fühlen, verbring bewusste (!) Zeit mit dir und blätter mal ausgiebig in deinem Innenleben. Weg mit dem Handy, weg mit Tinder, weg mit den blockierenden »Ich will aber nicht länger allein sein«-Gedanken. Das bringt dich nicht weiter, sondern ganz im Gegenteil weit, weit weg von dir selbst. »Allein mit mir sein? Um Goddess' willen! Wie armselig ist das bitte?«

Ja, wir wissen, eigentlich würdest du diesen Teil gern überspringen und gleich *schnipp* den Partner an deiner Seite haben. Gib uns dafür bitte noch gute 200 Seiten Zeit. Glaub uns, wenn die Einsamkeit als Scheißhaufen nicht so essenziell wäre, stünde sie sicher nicht gleich am Anfang unseres Liebesbuches. Wir spüren bis hierher, wie sehr du es dir wünschst, von deinem Mann endlich in den Arm genommen zu werden. Dass er dir liebe Worte sagt und einfach für dich da ist. Die neue Netflix-Serie, die alle gerade sehen, wäre zusammengekuschelt auf der Couch auch viel besser. Durch diese Sehnsucht schaltet sich der automatische Ablenk-Mechanismus ein und genau dann greifst du zum Handy. Du tinderst dich durch die weite, verrückte Onlinedating-Welt, wischst links, wischst rechts, in der Hoffnung, dass du ihn endlich findest und diese einsamen Momente nicht mehr länger ertragen musst. Ja, es ist wirklich zum Verzweifeln und mehr als verständlich, dass dich das alles einfach nur noch so richtig anzipft. Da hilft manchmal nur noch lautes Schluchzen zum größten 80er-Jahre-Schnulzensong auf der Kuschelrock Vol. 12 und dabei so richtig tief im Selbstmitleid zu versinken.

Herzilein, es wird Zeit, all dieses Leid aufzulösen – und wir gehen da jetzt mit dir gemeinsam durch. Hilfe ist nah und wir versprechen dir, der Schmerz ist nicht gekommen, um zu bleiben. Besonders, wenn du schon längere Zeit Single bist und sich alle Freunde plötzlich über angeschissene Babywindeln, Zoobesuche oder Vierer-Dates unterhalten, kann es dir so vorkommen, als passt du gar nicht mehr in deine Clique.

Damit du verstehst, dass nicht du das Problem bist, wenn du deine Sonntagabende einsam auf der Couch verbringst, zeigen wir dir, wie du diese Blockade jetzt auflösen kannst. Denn, ganz ehrlich, es gibt nur wenige Lebewesen auf diesem Planeten Erde, die sich bewusst dazu entschieden haben, als Einzelgänger zu leben. Der Eisbär zum Beispiel. Oder die Schildkröte. Oder der Pandabär. Sie sind Meister der Einsamkeit.

Du, schönste Frau, bist zwar genau so zuckersüß (nein, noch viel süßer) als der kleine Panda, aber sicher nicht dafür bestimmt, allein zu bleiben. Sonst wärst du nicht hier bei uns.

Es ist einfach an der Zeit, die richtigen Stellschrauben zu drehen. Denn mit einer kleinen Verschiebung deiner Sichtweise kann Einsamkeit zum wertvollen Alleinsein werden und das Alleinsein zu einer bunten Geschenkebox.

Nicht jeder, der allein ist, fühlt sich einsam.
Und nicht jeder Einsame ist allein.

Fühlst du dich verbunden (allen voran mit dir selbst), dann ist deine Welt rosa und in Ordnung. Deine feminine Energie fließt und du weißt, dass du nicht allein bist, sondern eingebunden in das große Ganze. Eins mit allem.

Wenn du jedoch vom Einsamkeitsstrudel in die Tiefe gezogen wirst, kann es dir vorkommen, als würdest du ertrinken, und ein gewaltiger Sog aus schweren Gefühlen verschluckt dich.

Übrigens: Einsamkeit ist nichts, was »arme«, »unbeliebte« oder »unattraktive« Menschen trifft. Sich einsam zu fühlen, ist eine Emotion, die jeder fühlen kann. Unabhängig vom sozialen oder familiären Leben.

Wenn wir an die Liebe denken, sehnen wir uns oft danach, unsere Einsamkeit zu beenden. Wir wünschen uns einen Partner, der uns ein Gefühl der Sicherheit gibt, der uns glücklich macht und uns vollständig fühlen lässt. All das hat jedoch nichts mit Liebe zu tun. Es geht bei der Liebe nicht darum, dass dein Partner für deine Bedürfnisbefriedigung zuständig ist. Das bringt eine Beziehung von Anfang an in Schieflage und du manövrierst dich schnurstracks in eine Abhängigkeitsfalle. Nein, das wollen wir nicht, gö? Der Ausgangspunkt für ein glückliches Leben liegt immer bei dir selbst. Und das gilt auch für ein Leben zu zweit.

Lerne, deine Gefühle liebevoll zu fühlen, auszuhalten und anzunehmen

Ganz besonders dann, wenn die Einsamkeit dich immer wieder überrollt, darfst du lernen, all die Gefühle, die damit einhergehen wie Angst, Wut, Scham, Hilflosigkeit, Verlassenheit, Neid oder Eifersucht auszuhalten. Drin zu bleiben. Und ganz bewusst mit dir zu sein – in der Stille. Dir Raum und Zeit zu schenken (am besten täglich), um deine Gefühle zu fühlen. Das ist eines der größten Liebesgeschenke, das du dir selbst machen kannst. Solang du die Einsamkeit weghaben willst, kann sie deinen Körper nicht verlassen und wird dich weiterhin piesacken.

Lust auf eine kleine Liebesübung?

Such dir einen bequemen, ruhigen Ort, an dem du dich wohl und sicher fühlst, und schließ für einen Moment die Augen. Beobachte deinen Atem, der in deinen Körper ein- und ausströmt. Nimm einfach wahr, ohne etwas zu verändern. Fühl in deinen Körper hinein und lausch seinen Empfindungen.

Gefühle gehen immer mit einer körperlichen Empfindung einher. Dazu gehören zum Beispiel schwitzige Hände, innere Unruhe, Druck in der Brust oder im Magen, Schwere, Enge im Hals, erhöhter Herzschlag, Anspannung, Schmerz, Leere, Jucken, Kälte, Hitze, Schwindel. Scann deinen Körper und nimm wahr, ob sich etwas bemerkbar macht und wo du eine körperliche Empfindung wahrnimmst. Wenn du vielleicht Spannung in deinen Muskeln verspürst, sag dir: »*All die Spannung darf jetzt da sein. Ich fühl sie und nehm sie an.*« Oder du spürst einen Druck auf der Brust: »*All der Druck darf jetzt da sein. Ich fühl den Druck in meiner Brust und nehm ihn an.*« Atme und fahr mit all den Empfindungen fort, die jetzt da sind.

Nun frag dich: »*Wo in meinem Körper spür ich die Einsamkeit?*« Ohne Bewertung, nur wahrnehmen und fühlen. Wo spürst du Einsamkeit? Wo sitzt sie? Im Hals? Im Herzen? Im Bauch? Sag dir: »*Die Einsamkeit darf jetzt da sein. Ich fühl die Einsamkeit und nehm sie an.*«

Und jetzt geh noch tiefer und frag dich: »*Was möchte mir die Einsamkeit sagen?*« Hör gut hin, sie hat eine wichtige Botschaft für dich. Und auch wenn du sie vielleicht nicht gleich hörst, macht das nichts. Mit ein bisserl Übung und Ruhe wirst du deine innere Stimme immer besser erkennen.

Und dann frag dich: »*Was brauch ich? Was brauch ich wirklich? Wonach sehn ich mich?*«

Spürst du, wie sich die Energie verändert? Wie es immer leichter wird, wenn du den Fokus auf dich und deine Gefühle richtest? Du machst das so großartig und wir lieben es, wie sehr du dich einlässt. Auf dich und deinen wundervollen Heilungsprozess. Durchs Fühlen und Wahrnehmen, was sich in deinem Körper gerade abspielt, kommst du direkt im Hier und Jetzt an. Du verbindest dich mit dir selbst und gibst all deinen Emotionen Raum. Dadurch stellt sich erstens sofortige Erleichterung ein und zweitens wirst du staunen, was das langfristig mit deiner ganzen Lebens- und Beziehungsqualität macht.

Beschäftige dich unbedingt immer wieder mit dieser Übung und den Fragen und find heraus, was du wirklich brauchst. Deine innere Weisheit möchte schon so lang mit dir kommunizieren. Wie wär es, wenn du dir selbst jetzt mal erlaubst, die Verbindung zu dir herzustellen? Ohne Ablenkung? Einfach aushalten, was hochkommt. Lass dich in den Schmerz hineinfallen. Und hör zu, was dir deine Seele und dein Herz mitteilen möchten.

Genau in diesem Moment löst sich die Einsamkeit auf. Du bist dir selbst so nah, wie dir kein anderer jemals kommen kann. Das ist ein zutiefst befriedigendes Gefühl. Plötzlich brauchst du nur noch DICH. Du und du – die schönste Liebesbeziehung, die es gibt. Ja, du wirst dich in dich verlieben und diese Liebe mehr und mehr ganz tief in dir spüren. Und sie natürlich auch in Form eines Partners anziehen.

Hinter deiner Einsamkeit steckt eine Riesenchance

Wenn du dich mit der Einsamkeit auseinandersetzt, birgt das die Möglichkeit, dich tief mit dir selbst zu verbinden. Du entdeckst nicht nur, was du brauchst, um glücklich zu sein (nämlich nur dich), sondern auch, was dir für das Zusammenleben mit einem Partner wichtig ist.

Wenn du dich der Einsamkeit öffnest, hast du die Möglichkeit, eine intime Begegnung mit dir selbst zu erleben. Dich dir selbst gegenüber pudelnackert zu machen. Es geht darum, bei dir zu sein. Dir selbst zuzuhören. Dich selbst zu verstehen, zu akzeptieren, zu verzeihen, zu lieben und alte, verdrängte Emotionen aufzulösen. Es ist so wichtig zu wissen, dass du der Einsamkeit nicht hilflos ausgeliefert bist. Du hast alles in dir, um zu steuern, was sie mit dir macht. Das bedeutet, dich selbst – bewusst – wahrzunehmen, Verantwortung für dich zu übernehmen und die eigenen Projektionen zu erkennen. Und alles daran zu setzen, dir ein wunderschönes Leben zu gestalten. Ganz unabhängig von einem Partner.

Du darfst den Mut aufbringen, in deine Seele zu schauen. Das ist nicht nur die Voraussetzung für ein glückliches Leben allein, sondern auch die Basis für eine erfüllte, liebevolle Partnerschaft und für gesunde zwischenmenschliche Beziehungen. Klingt das nicht wunderbar und fühlst du dich nicht gleich viel weniger einsam?

Jetzt ist er weg, weg ...
Wie du deinen Ex loslässt

♡ ♥ ♡ ♥ ♡ ♥ ♡ ♥ ♡ ♥ ♡ ♥ ♡ ♥ ♡ ♥ ♡ ♥ ♡ ♥ ♡ ♥ ♡ ♥ ♡ ♥ ♡ ♥ ♡ ♥

Die Akte EX hält nicht nur einen Haufen gemischter Gefühle parat, sondern es befinden sich darin auch viele, nennen wir sie mal »Von Herzen ehrlich kommende«-Ausdrücke, um diesen Menschen, deinen Ex zu beschreiben: Bleampl, Dodl, »Bitte geh nicht«, »Ich liebe dich noch immer«, Sautrottel, »Schau mich nie wieder an«, Brangelina, »So a Schweindl«, »Bitte komm zurück«, »Der Teufel«, »Wie konnte mir das nur passieren?«, »Der Erzeuger meiner Kinder« oder »der Oasch«. Egal, wie du deinen Ex beschreibst, es ist okay. Aber mal von vorn.

Da gibt es einen Mann in deinem Leben, in den du so sehr verliebt warst. Du hast dir die schönste Zukunft mit ihm ausgemalt, hast ihm vertraut und dich voll auf diese Beziehung eingelassen. Dieser Kerl hat dein Herz berührt. Und jetzt ist er: weg. (Ohrwurm gefällig? »... und du bist wieder allein, allein.«) Auf einmal ist da ein leeres Bett, eine stille Wohnung. Nur sein Geruch liegt irgendwie immer noch in der Luft. Alle deine Träume und Hoffnungen sind wie Seifenblasen zerplatzt und es fühlt sich an, als ob dieser Kerl beim Gehen dein Herz mitgenommen hätte.

Ganz egal, ob du dich getrennt hast oder er dich verlassen hat: Den Ex nach einer Trennung loszulassen, kann eine der herausforderndsten Erfahrungen sein, die es gibt. Das Gefühl, ihn (oft auch Jahre später) nicht vergessen zu können, kann so tief gehen, dass es dir fast den Verstand raubt. Es tut so weh. Wir fühlen dich so sehr und umarmen dich noch fester, Schwester. All deine Emotionen dürfen sein.

Selbst dann, wenn du ganz genau weißt, dass er nicht der Richtige für dich war, eure Beziehung nur kurz hielt oder schon ewig her ist, kann es sein, dass du noch an deinem Ex hängst. Kein Wunder! Den Menschen gehen zu lassen, dem du mal so nah warst, ist verdammt schwer. Du hast diesen Menschen geliebt und hattest mit ihm eine Herzensverbindung. Wie zur Hölle soll man das denn einfach so abdrehen?

Auch wenn du jetzt gerade noch nicht genau weißt, wie du da jemals rauskommen sollst, lass dir von uns gesagt sein: Ganz bald hast du es geschafft. Der Schmerz löst sich auf, die Vergangenheit wird verarbeitet, das Leben kommt zurück und du hast wieder Lust auf etwas Neues.

Glücklicherweise kennen wir den Weg dorthin. Lass dich von uns liebevoll an die Hand nehmen und führen. Hand in Hand geht's gleich viel leichter. Los geht's.

Loslassen tut weh

Im Prozess des Loslassens können und dürfen noch mal schmerzhafte Gefühle hochkommen. Ob Wut, Angst, Trauer oder Hilflosigkeit: All diese Gefühle wollen ernst genommen werden. Halt nichts zurück – auch wenn deine beste Freundin, deine Schwester oder deine Mutter vielleicht meinen, du solltest doch schon längst über den Kerl hinweg sein.

Bitte gib dir alle Zeit der Welt, deine Gefühle zu fühlen und um zu betrauern, dass es mit euch beiden aus und vorbei ist. Es ist verdammt traurig, sich von jemandem zu verabschieden, den man liebt. Ja, das ist es. Also weine. Weine, bis keine Tränen mehr kommen.

Wir versprechen dir: Der Schmerz wird nicht bleiben, er ist gekommen, um dich weiterzubringen. Je mehr du dir all deine Gefühle erlaubst, umso leichter fällt dir auch das Loslassen. LoveSisters' Ehrenwort!

Loslassen bedeutet, klare Entscheidungen zu treffen

Loslassen beginnt mit einer Entscheidung. Der Entscheidung für dich selbst. Du darfst dich bewusst dazu entschließen, aus dem Tal der Traurigkeit wieder rauskommen zu wollen und dir ab sofort ein geiles Leben zu erschaffen. Ein Leben in Liebe und Freiheit. Ohne Abhängigkeiten und Altlasten. Und genau dafür darfst du loslassen, was dich zurückhält. Nur wenn du dich von der Vergangenheit löst, kannst du ein freies und glückliches Leben im Hier und Jetzt führen.

Wir haben eine kraftvolle Frage für dich, die dir dabei hilft, zu entscheiden, was in deinem Leben gehen darf und was nicht: »Macht es mich glücklich? Und glitzert es?«

Spür da mal gut und ehrlich rein. Macht dich diese Situation glücklich? Macht es dich glücklich, wenn du an der alten Beziehung festhältst? Wenn du dein Herz weiterhin verschlossen hältst? Wenn du in der Vergangenheit feststeckst? Macht dich das glücklich? Ja? Dann darf es bleiben. Nein? Dann darfst du es loslassen. Und genau diese Entscheidung macht dich sofort wieder handlungsfähig und gibt dir die Kraft, dir ein Leben nach deinen eigenen Vorstellungen zu gestalten. Triff mutig deine Entscheidung und dann kommt dein nächstes Level von ganz allein. Genau hier geschieht die Magie.

Lerne, die Situation zu akzeptieren

Auch wenn du es dir vielleicht noch nicht so ganz vorstellen kannst, wirst du bald an dem Punkt ankommen, an dem du die Trennung akzeptierst. Es geht dabei nicht darum, dass dir alles scheißegal ist, sondern, dass du nicht mehr an etwas festhältst, was sich einfach nicht ändern lässt. Das machst du für niemand anderen, nur für dich. Um endlich deinen Seelenfrieden zu finden und wieder glücklich zu sein.

Lust auf ein kleines Experiment?

Stell in deiner Vorstellung deinen Ex vor dich hin. Atme durch und sag mit fester Stimme: »Ja, es ist vorbei mit uns und ich akzeptiere es. Ich lass los und wünsche dir ein schönes Leben.«
　Wie fühlt sich das an? Entlastend und befreiend, nicht wahr? Mach dir immer mehr und mehr bewusst: Es hat mit euch nicht sein sollen. Er ist nicht der Richtige für dich. Es ist, wie es ist. Und: Schließe ab.

Weißt du, Liebes, solang du nicht loslässt, kostet dich das irrsinnig viel von deiner wertvollen Lebensenergie. Festhalten hat einen hohen Preis. Bist du wirklich bereit, diesen zu zahlen? Spür mal hin, was es mit dir macht, wenn du an etwas festhältst:

◇ Es macht dich unfrei, schwer und eng.
◇ Es zieht dich runter.
◇ Du bleibst im Schmerz stecken.
◇ Deine Energie ist blockiert.
◇ Du bist im Mangeldenken gefangen.
◇ Du hältst weiter an belastenden Gefühlen fest.
◇ Du kannst dich auf nichts Neues einlassen.
◇ Du verlierst den Glauben an die Liebe und an ein glückliches Leben.

All das willst du doch bestimmt nicht, stimmt's?
　Sobald du vollständig losgelassen hast und die Situation akzeptierst, bleibt der Schmerz nur noch für einen kurzen Moment. Und dann kommt plötzlich die Lebensfreude zurück, du fühlst dich voller Energie und bereit für einen Neuanfang. Du bist wieder lebendig. Du bist wieder du.

Vertraue, dass du loslassen kannst

Ja! Du kannst das! Wir glauben fest an dich! Du kannst vertrauen UND du kannst loslassen. Es ist alles in dir. Und weißt du was? Du darfst auch darauf vertrauen, dass du wieder lieben und eine tiefe Verbindung zu einem anderen Menschen spüren kannst – und wirst. Du kannst sogar eine noch stärkere und schönere Beziehung erleben als jemals zuvor. In Momenten des Vertrauens siehst du plötzlich alle Möglichkeiten. Dein Blick ist offen für eine neue Realität voller Liebe und Fülle. Hörst du deine Seele flüstern, dass es da noch so viel mehr gibt? Vertraue in deine Liebesfähigkeit. Vertraue deinen Entscheidungen. Vertraue deiner Intuition. Lass nicht zu, dass die Angst die Richtung vorgibt, in die du gehst. Hör auf, die Geschichte des Opfers zu glauben. Oder die des Armutschkerls. Verschenke deine Kraft nicht an äußere Umstände, andere Menschen oder deine Vergangenheit. Du bist eine Göttin der Liebe und hast alles in dir, um glücklich zu sein.

Achte auf deinen Fokus

Richte deine Gedanken weg von ihm und hin zu dir. Das ist so ein wichtiger Punkt, der absolut entscheidend ist, wenn du deinen Ex loslassen willst: Fokus zurück zu dir. Lenk all deine Aufmerksamkeit auf dich. Schenk dir deine Liebe und Fürsorge. Wann immer du geistig abdriftest und dich in Gedanken an ihn verlierst, helfen dir diese kraftvollen Fragen dabei, deinen Fokus wieder auf dich zu richten:

◇ Wie kann ich mir selbst die Liebe und Aufmerksamkeit schenken, die ich mir so sehr wünsche?

◇ Wodurch möcht ich heute die Beziehung zu mir selbst stärken?

- ◇ Wenn ich mehr auf mich selbst schau, dann fühl ich mich ...
- ◇ Welche neue, kraftvolle Überzeugung kann mir dabei helfen, mich mehr auf mich selbst zu fokussieren?

Mach dich selbst zum wichtigsten Menschen in deinem Leben und lern, dir selbst zu geben, was du brauchst. Setz alles daran, dich nach der Trennung wieder mit dir selbst zu verbinden. Genau diese Verbindung zu dir gibt dir Halt, wenn du die Verbindung zu deinem Ex trennst.

Bänder und Schwüre lösen

Lass uns hier mal ein bisserl spiritueller eintauchen und überprüfen, ob es auf unbewusster Ebene vielleicht einen Schwur oder ein Versprechen gibt, die dich noch mit deinem Ex-Partner verbinden. Spür aufrichtig hin, ob einer der folgenden Sätze in dir mitschwingt:

- ◇ Nur er war der Richtige.
- ◇ Er ist der Einzige für mich.
- ◇ Er ist meine Dualseele.
- ◇ Ich kann ohne ihn nicht glücklich sein.
- ◇ Ich bin immer für ihn da, egal, was passiert.
- ◇ Er kann mich jederzeit anrufen, wenn irgendwas ist.
- ◇ Ich werd immer mit ihm verbunden bleiben.
- ◇ Was ist, wenn ich ihn irgendwann noch brauche?

Ja, diese Sätze machen etwas mit dir. Denn sie halten dich an deinem Ex fest und wirken wie unbewusste Verträge, die wir jetzt mit einer kleinen Übung lösen.

Was bindet dich noch?

Nimm dir einen Stift und ein Blatt Papier zur Hand. Schreibe oben die Frage auf: Welche Schwüre und Versprechen halten mich an meinem Ex _____ (Name) fest? Dann stell dir einen Timer auf 15 oder 30 Minuten und schreib intuitiv alles nieder, was an Gedanken und Gefühlen aus dir rauskommt. Lass alles aus dir rausfließen und hol dabei die Informationen aus deinem Unterbewusstsein hervor. Setz den Stift nicht ab, sondern schreib immer weiter. Falls du ins Stocken gerätst, wiederhol einfach Worte, die du bereits geschrieben hast, bis ein neuer Impuls kommt. Wenn der Timer abgelaufen ist, lies dir nochmal alles durch und schreib folgenden, heilsamen Lösungssatz darunter: »Ich entbinde dich und mich von allen Versprechen und Schwüren und entlass dich und mich in unser jeweils eigenes Leben.«

Zum Abschluss kannst du deine Zeilen verbrennen und durch das Feuer transformieren lassen.

Tanz alles raus

Dreh deine Musikbox auf und hör dir (richtig laut) das Lied »Lass jetzt los« aus dem Film »Die Eiskönigin« an. Fühl jedes Wort. Geh voll rein, tanz, als gäbe es kein Morgen, und lass allen Emotionen freien Lauf. Spür deine Lebensfreude, deine Energie, deine Kraft, sei stolz auf dich und lass dein Herz berühren.

Ja, der Prozess des Loslassens ist schwer, aber es wird immer leichter und du bist schon mittendrin. Du spürst, dass du bereit bist, weiterzugehen. Und glaub uns: Du kannst es. Es gibt keinen vorgegebenen Zeitplan dafür, wie lang es dauert, also sei geduldig mit dir selbst. Du machst das so großartig, Liebes. Du bist wundervoll. Wertvoll. Einzigartig.

Lass uns ausmustern!

Wenn es bislang in deinem Liebesleben nicht so läuft, wie du es willst, wenn du chronisch unzufrieden mit deinen Beziehungen bist oder sich komische Männergeschichten immer und immer wieder wiederholen, nimm es bitte nicht persönlich. Du bist nicht falsch! Und es liegt auch nicht irgendein sich nie wieder auflösender Fluch auf dir. Es kann einfach gut sein, dass ein unbewusstes Beziehungsmuster dein Liebesleben sabotiert. Dadurch bist du wie fremdgesteuert in deinen Entscheidungen, deinem Denken, Fühlen und Handeln.

Und genau das spiegelt sich auch in Männern wider, die dich ablehnen, nicht frei sind, sich nach einem »Ich freue mich schon sehr, dich ganz bald wiederzusehen« nie wieder melden, die sehr viel über die Ex-Frau oder die Mutter sprechen, lieber per WhatsApp chatten (meistens nachts), als sich zu treffen, die extrem eifersüchtig sind, die Ghosting als Profi-Sportart betreiben oder – bringen wir es auf den Punkt – sich nicht auf eine dauerhafte Beziehung mit dir einlassen wollen. Das sind genau die Männer, die wir nicht für dich wollen. Dein Richtiger wird all diese Eigenschaften nicht besitzen. Und genau das werden wir jetzt auch noch deinem Muster verständlich machen (lass uns mal die Ärmel raufkrempeln).

Wir verraten es dir nur ungern, aber wir alle haben Muster. Also, so richtige! Komische. Anstrengende. Und manchmal auch echt peinliche. Es gibt keinen Menschen auf diesem Planeten, der davon befreit ist. Im Gegenteil, es gibt sogar Menschen, die so mit ihrem Muster verwoben sind, dass sie tatsächlich glauben, das Muster zu sein (kariert, liniert oder geblümt, es ist jedes Dekor dabei).

Lila an Steffi: »Kannst du dich noch an Karin erinnern?«

Steffi schaut auf, während sie ihr Snickers isst. »Die, die jahrelang immer auf denselben Typen angesprungen ist, sobald er sich mit einem romantischen ›Hi! Kommst du vorbei?‹ gemeldet hat?«

»Jaaaa, GENAU die!« Lila beugt sich vor, um einen Bissen von Steffis Riegel zu ergattern. »Weißt du noch, wie viel sie sich immer von ihm erhofft hat? Und obwohl sie sich nach dem letzten Mal geschworen hat, sicher nie mehr mit ihm ins Bett zu steigen, machte sie es doch wieder.«

Du kannst dir bestimmt vorstellen, wie enttäuscht Karin jedes Mal aufs Neue war. Ganz ehrlich, wenn Frauen sich so leicht immer wieder umstimmen lassen, zieht es uns den Magen zusammen. Karins Beziehungsmuster ist übrigens, auf Männer anzuspringen, die sie nicht wollen, weil sie unbewusst glaubt, es nicht wert zu sein, geliebt zu werden. Solang Karin ihr Muster nicht erkennt, wird sie immer wieder anspringen, sobald ein Mann nur mit dem Finger schnippt oder ihr ein Bröserl vor die Füße wirft.

Wie einfach kann ein Muster es einem Mann eigentlich machen?

Versteh uns bitte nicht falsch. Bist du auf der Suche nach schnellem Sex, dann ist das vollkommen legitim, dir das zu gönnen. Wenn du aber eine Frau bist, die sich einen festen Freund wünscht, dann ist dir dieses Muster eher nicht dienlich.

Sprechen wir von Beziehungsmustern, dann meinen wir einerseits Verhaltensweisen, mit denen wir immer wieder auf Aussagen, Konflikte oder Umstände reagieren oder auf sich wiederholende Beziehungssituationen mit neuen Menschen. Manche Muster sind uns bewusst, andere laufen unbewusst, ohne dass wir sie bemerken. Sie können in jedem zwischenmenschlichen Beziehungskontext auftreten und sie bestimmen drei grundlegende Dinge:

◇ Wen wir uns aussuchen: Mit welchem Typ Mensch gehen wir eine Beziehung ein?

◇ Wie wir interagieren: Welche Verhaltensweisen zeigen wir in der Beziehung?

◇ Wie wir uns behandeln lassen: Wie erlauben wir anderen, mit uns zu sprechen und mit uns umzugehen?

Wie du siehst, sind Beziehungsmuster unglaublich machtvoll und lenken dein Beziehungsverhalten stärker, als du es dir möglicherweise vorstellen kannst.

Wenn du dich jetzt fragst, ob du jedes ungesunde Muster auflösen kannst, dann rufen wir im Duett ganz laut: »Ja, ja, jaaaa!« Und rappen sogar für dich: »Du kannst alles, alles, aaaaaaaaalles in deinem Leben transformieren, Babe. Du bist bereits mittendrin, my dizzle! Fo shizzle!« (Verliebte Fan-Grüße gehen an Snoop Dogg raus.)

Wie zeigen sich Beziehungsmuster?

Vielleicht hast du das Gefühl, in einer Endlosschleife aus unerfüllten Beziehungen festzustecken und dir das Gimpfte aufgeht, weil du immer dieselben Spielchen mit den Männern erlebst. Stichwort: neuer Partner, altes Muster. Womöglich merkst du, wie gewisse Aussagen immer wieder etwas bei dir auslösen und dich regelmäßig aus der Bahn werfen. Oder du spürst die gleichen Ängste und Unsicherheiten wie schon beim Ex (und beim Ex-Ex und beim Ex-Ex-Ex).

Solang dir nicht klar ist, welche Muster dich steuern, glaubst du, dass Beziehung für dich einfach nicht funktioniert (was absolut nicht wahr ist). Dann fährst du unbewusst alle möglichen Strategien auf, um einen Mann an dich zu binden – oder zu vertreiben (ja, auch das machen Muster mit uns).

Wir sprechen dann von einem Muster, wenn es sich immer wieder wiederholt. Wenn etwas ein-, zweimal passiert, ist es nicht unbedingt ein Muster, sondern eher ein Hoppala.

Unsere liebe Karin jedoch steckt in einem 8-fach-Hoppala fest und das ist daher etwas, was wir definitiv als Muster bezeichnen würden. Ihre »Beziehungssituation« mit dem Bumsfreund namens Jan endet nämlich nicht nur immer sehr tränenreich, sondern beginnt auch immer wieder von vorn. Bisserl wie bei »Und täglich grüßt das Murmeltier«. Am Sonntagabend klingelt ihr Handy und er fragt, ob sie nicht auf »a Glaserl Wein« vorbeikommen möchte. Karin denkt – wie so oft –, dass Jan diesmal definitiv ernsthaftes Interesse zeigt und nicht nur Sex möchte (es war ja diesmal noch ein Herz-Kuss-Emoji bei der Nachricht dabei). Sie wäscht, rasiert und stylt sich (sexy, versteht sich). Steigt in ihr Auto (bitte Karin, tu es nicht!). Herzflattern pur. Er öffnet die Tür. Kurzer Smalltalk. Ab in die Kiste. Karin möchte noch bleiben. Kuscheln. Sich geliebt fühlen. Jan will lieber allein schlafen, weil er morgen ein großes Team-Meeting hat. Karin fährt. Karin weint. Scheiß-Muster, Oida.

Muster äußern sich aber nicht nur in fürs Herzerl unbefriedigenden One-Night-Stands, sondern auch in:

◇ Nähe-Distanz-Spielchen

◇ ewigem Singledasein

◇ toxischen Beziehungen

◇ an unverbindliche Männer geraten, die sich nicht binden wollen

◇ verständnisvoll sein bis zur Selbstaufgabe

◇ Ghosting

◇ Verlustangst, Eifersucht

◇ Bindungsangst

- ◇ Schwierigkeiten, Vertrauen zu entwickeln
- ◇ wenig Bereitschaft, sich emotional zu öffnen und einzulassen
- ◇ emotionaler Abhängigkeit
- ◇ Dreiecksbeziehungen, Affären
- ◇ dem Gefühl, immer um Liebe kämpfen zu müssen
- ◇ On-Off-Beziehung
- ◇ sich klein machen
- ◇ sich anpassen
- ◇ Sex-Göttin sein (spielen?)
- ◇ Freundschaft plus
- ◇ Friendzone

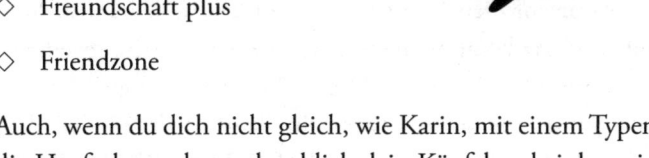

Auch, wenn du dich nicht gleich, wie Karin, mit einem Typen in die Hapfn haust, hat wahrschlich dein Köpfchen bei dem einen oder anderen Punkt genickt.

Weißt du, Liebes, diese Beziehungssituation zieht dich an, weil sie dir so vertraut ist. Dein altes, unbewusstes Bindungsmuster wird getriggert. Vielleicht waren als Kind deine Eltern nicht verfügbar oder du wurdest mit Schweigen bestraft, nicht ausreichend gesehen oder geliebt. Und jetzt als erwachsene Frau wiederholt es sich mit den Männern. Du findest dich im selben emotionalen Muster wieder und spürst die gleichen körperlichen Reaktionen in dir wie damals, als du noch klein und schutzbedürftig warst.

Aber bitte lass dir gesagt sein: Du bist nicht mehr das hilflose Mädchen, sondern eine starke, erwachsene Frau. Was auch immer sich bei dir im Beziehungsfeld abspielt – oder abgespielt hat: Es ist eine riesengroße Chance für dich, dies zu ändern. Denn all das muss nicht so bleiben. Wenn du deine Muster immer besser erkennst, hilft dir das, mehr über dich selbst zu erfahren und daran zu wachsen. Dann kommst du endlich raus aus der Opferrolle, dem Drama und dem Schmerz (und Karin kommt raus aus diesen ständigen One-Night-Stand-Geschichten). Du übernimmst die Verantwortung für dein Leben und triffst Entscheidungen, die dich erfüllen. Das ist die Voraussetzung für eine glückliche Lebens- und Beziehungsgestaltung. Nicht nur als Single auf Partnersuche, sondern auch als Partnerin in deiner zukünftigen Beziehung.

Ändere nicht den anderen, ändere dich selbst

Du fragst dich jetzt bestimmt, wie genau du diese ungünstigen Muster transformieren und (wieder) zurück in deine natürliche Anziehungskraft kommen kannst. Die Antwort ist so einfach wie komplex: DU bist der Schlüssel! Du bist diejenige, nach der du die ganze Zeit suchst. Wenn du lernst, deine hinderlichen Muster zu durchschauen, hast du dein Lebensglück selbst in der Hand. Du bist in jedem Moment dazu fähig, gesunde Entscheidungen zu treffen oder anders zu reagieren und dadurch die Richtung zu drehen. Der Mann ist nie das Problem. Nie. Es geht immer um dich selbst. Egal, wie oft du den Partner tauschst: Du nimmst dich selbst immer mit.

Auch wenn du dir jetzt vielleicht denkst, dass sich doch die Männer bescheuert verhalten. Ja, mag sein. Aber du hast immer die Wahl, wie du damit umgehst und was du dir (wie lange) gefallen lässt. Welche Männer du überhaupt in dein Leben lässt (und wer deine Perle polieren darf).

Was immer du mit dem Mann deiner Wahl erlebst, spiegelt deine innere Beziehung zu dir selbst. Du hast ihn angezogen, damit du erkennen kannst, wo es für dich noch Wachstums- und Heilungspotenzial gibt. Und wir versprechen dir, wenn du da durch bist, dann geht sich ein Bleampl in deinem Leben definitiv nimmer aus.

Alte Muster loslassen, schafft Platz für Neues

Um dich von deinen Blockaden zu lösen, musst du aus unserer Sicht nicht unbedingt wissen, woher sie kommen. Wir haben mit so vielen Frauen ihre ungesunden Muster verabschiedet (und auch unsere eigenen), ohne die komplette Vergangenheit noch mal aufzureißen. Mit ein wenig Mut zur Selbstreflexion kannst du im Hier und Jetzt lernen, deine ungünstigen Verhaltensweisen zu erkennen und neue, dir dienliche Handlungsmöglichkeiten zu üben. Beobachte dich selbst, wann du aus deinem alten Muster heraus handelst. So kannst du neu wählen, wie du mit der Situation umgehen möchtest.

Das Missverständnis liegt oftmals darin, dass wir denken, wir müssten im Außen etwas ändern. Jedoch geschieht Veränderung von innen nach außen. Sobald du deine Beziehung zu dir selbst wandelst und du dir selbst mehr Aufmerksamkeit, Liebe, Nähe und Intimität schenkst, wandelt sich auch dein Männermuster. Dann lässt du gesunde, liebevolle, beziehungsbereite und achtsame Männer in dein Leben. Und du erkennst sofort, wenn die Rahmenbedingungen bei einem Mann nicht passen. Die Rahmenbedingungen von Karins Bumsfreund Jan beispielsweise waren eher so semi-optimal.

Um all das greifbarer für dich zu machen, haben wir ein paar kraftvolle Muster-Beispiele (gutes Wortspiel, gö?) für dich:

Muster 1
Wenn dich dein Muster steuert: Du postest regelmäßig sexy Fotos von dir auf Social Media, um die Aufmerksamkeit deines Herzensmannes auf dich zu ziehen beziehungsweise um für ihn interessant zu bleiben.

Wenn dein Muster aufgelöst ist: Du weißt als Göttin, dass du so etwas überhaupt nicht nötig hast und dass du dir selbst die Bestätigung geben kannst. Du würdest niemals um die Aufmerksamkeit eines Mannes betteln.

Muster 2
Wenn dich dein Muster steuert: Du datest einen Mann, der dir nicht guttut und der deine Standards nicht erfüllt. Du passt dich dieser Situation an und verkaufst dich dadurch auch unter deinem Wert. Alles nur, um ihm zu gefallen und endlich einen Partner zu haben.

Wenn dein Muster aufgelöst ist: Du stehst vollkommen zu dir. Du stehst zu dem, was du möchtest, und hältst deine Standards. Du weißt dies liebevoll und selbstbewusst zu kommunizieren und lässt dich ganz bestimmt nicht auf einen Mann ein, der dich nicht respektvoll, wertschätzend behandelt, so wie es einer Göttin gebührt.

Muster 3
Wenn dich dein Muster steuert: Du ziehst immer wieder Männer an, die dich ghosten, von einem Tag auf den anderen aus deinem Leben verschwinden und sich plötzlich nicht mehr melden. Du denkst, der Fehler liegt bei dir, und hoffst, dass er sich doch noch einmal meldet, damit du es besser machen kannst. Du wartest auf seinen Anruf und dein ganzes Leben dreht sich ausschließlich um ihn.

Wenn dein Muster aufgelöst ist: Du wirst nicht mehr geghostet, und wenn doch, weißt du selbstbewusst damit umzugehen. Du ziehst Männer an, die es ernst mit dir meinen (und die noch nicht mal was von dem Begriff »Ghosting« gehört haben). Du richtest deinen Fokus auf dich und gestaltest dir dein schönes Leben.

Muster 4
Wenn dich dein Muster steuert: Du ziehst ständig unsichere, problematische Männer in dein Leben, die dich kontrollieren. Du ordnest dich unter und denkst, sie mit deiner Liebe heilen und umerziehen zu können. Dabei verlierst du dich komplett selbst oder wirst immer wieder verlassen.

Wenn dein Muster aufgelöst ist: Du bist als Frau, die ihren Wert kennt, in einer stabilen Beziehung mit einem starken, liebevollen, sicheren, gesunden Partner auf Augenhöhe.

Wie du siehst, lässt sich jedes Muster auflösen. Jedes! Beginn ab sofort die Situationen zu reflektieren, in denen sich dein altes Muster noch zeigt, bis du die Veränderung im Außen bemerkst (und sich endgültig kein unsicherer Bleampl mehr zeigt).

Ganz wichtig: Sei hier bitte liebevoll und geduldig mit dir. Es kann ein bisserl Zeit brauchen, bis du dein Muster vollständig aus dem Weg geräumt hast. Wenn du erkennst, was die alten Situationen waren und welche Muster daraus kreiert wurden, geschieht Veränderung. Denk dran, Liebes, du bist so viel größer, als du denkst. Du hast alles in dir, um zu heilen, und du bist in jedem Moment in der Lage, nicht mehr aus deinem alten Muster heraus zu agieren. Du darfst dir endlich erlauben, die beste und schönste Liebesbeziehung zu führen, die du verdienst.

Übrigens: Oft liegt es nur an einem wutzi-kleinen Müsterchen, das den Fluss der Liebe blockiert. Sobald sich diese Blockade löst, kommt alles (auch der Richtige) von ganz allein.

Armutschkerl oder No-Drama-Banana

Hast du schon mal was von der Gattung der Armutschkerl gehört? Das ist die Spezies, die sich leidenschaftlich gern im Sumpf des Jammerns suhlt und ihr gesamtes Dasein als eine einzige Belastung empfindet. Sie befindet sich im ewigen Kampfmodus – alles ist schwer und muss hart erarbeitet werden. Alle anderen haben es viel leichter, das Glück gepachtet oder wurden einfach mit dem goldenen Löffel im Mund geboren. Nur das eigene Leben ist von Ungerechtigkeit geprägt. Und sie glaubt, daran auch nichts ändern zu können. Sie ist ihren Problemen komplett ausgeliefert und muss mit dem ewigen Leid leben.

Markenzeichen des Armutschkerls:

◇ immer eine große Packung Taschentücher griffbereit
◇ Schultern vorgezogen und Kopf gesenkt
◇ sein Lieblingswort ist »aber«
◇ Lieblingszitat: »Ich hab's wirklich gschissn dawischt.«

Verwandtschaft des Armutschkerls: das Opfer, das Opferlamm, das Drama-Opfer, Menschen mit chronischer Opferitis, der Jammerlappen, die Schuld-Zuweisende, die Drama-Queen, die Immer-Leidende, die Arme, die Hilflose, die Ausgelieferte, Mariah Carey, Scrat aus Ice Age. Wir Österreicher nennen die Armutschkerln um uns auch gern liebevoll du »Lulu«.

Was das Leid für Armutschkerl ein bisserl erträglicher macht?

1. Anderen Menschen ein schlechtes Gewissen zu machen. »Wenn du nicht wärst, dann hätte ich keine Probleme!« oder »Wenn du mir helfen würdest, dann wäre mein Leben viel leichter!«
2. Andere Menschen vollzuraunzen, wie arm, bemitleidenswert und hilflos sie sind – und das sehr gern in Dauerschleife.

Das arme, arme Drama-Opfer wünscht sich ganz viel Aufmerksamkeit und möchte so gern die Verantwortung abgeben. Tatsächliche Hilfe und Unterstützung will es aber nicht annehmen, denn es muss ja, aufgrund des harten Lebens, weiter jammern und leiden.

Ein weiteres wichtiges Merkmal: Schuld sind sowieso immer alle anderen. Die Eltern. Die Männer. Die Gesellschaft. Das Wetter. Der rückläufige Merkur. Der Ex. Die Neue des Ex. (Die Liste ist unendlich lang und wird situationsbedingt erweitert.) Mal ehrlich: Die Opferrolle kennt wahrscheinlich (mehr oder weniger) jeder. Kommt dir das ein kleines bisserl bekannt vor und versinkst du auch manchmal im Drama? Ja? Na, dann herzlich willkommen im Jammertal.

Wenn du nicht aufpasst (und nicht rechtzeitig dein Snickers isst), kann es ganz schnell gehen, dass du zur Diva wirst und dich wie eine Drama-Queen aufführst. In Wirklichkeit ist das nur ein Schutzmuster, weil du dich innerlich klein und machtlos fühlst. Und so gern hättest, dass irgendjemand deine Probleme bestätigt und dir sagt, wie Scheiße das alles/der Ex/der Jupiter/die Welt da draußen ist. Du merkst wahrscheinlich gar nicht, wann du wieder ein Drama aufführst, weil es eine unbewusste Rolle ist, die du dir schon vor sehr langer Zeit antrainiert oder (zum Beispiel von deiner Mutter) übernommen hast.

Es ist an der Zeit, dich aus dem Mangeldenken zu befreien und die Verantwortung zu übernehmen. Spotlight ooooooon. Let's get ready to ruuuuumble. We proudly present the No-Drama-Banana.

Das No-Drama-Banana-Girl ist das Sinnbild für einen entspannten, gelassenen und lebensfrohen Menschen. Sie verteilt Leichtigkeit, Lebensfreude und Zuversicht wie buntes Konfetti und es ist vor allem eins klar: Alles is leiwand.

Ihr Glas ist immer halb voll und sie lässt sich durch nichts aus der Ruhe bringen. Sie ist ein positiver Sonnenschein und immer im vollsten Vertrauen. Sie nimmt ihr Leben eigenverantwortlich in ihre Bananenhände und ändert das, was den »No-Drama-Alltag« blockiert. Sie möchte frei sein, zu wilder Musik tanzen und ein erfülltes Bananen-Dasein führen. In allen Lebensbereichen. (Auch mit ihrem auserwählten, feschen No-Drama-Banana-Boy, mit dem sie kuschelnd bei uns auf unserem Buchcover zu sehen ist).

Markenzeichen der No-Drama-Banana:

◇ selbstbewusst, entspannt und positiv-denkend

◇ energiegeladen, lebensfroh und unfassbar g'schmackig

◇ Wärme und Sinnlichkeit ausstrahlend – und egal, wie sie sich krümmt: sie fühlt sich immer sauwohl in ihrer sexy Haut (aka gelben Schale)

◇ Lieblingswort ist »Chill!«

◇ Lieblingszitat: »Passt scho!«

Die Verwandtschaft der No-Drama-Banana: die Schöpferin, die Göttin, die Königin, die Frau, die ihren Wert kennt, die Umsetzerin, die Erschafferin, die Scheiße-in-Dünger-Verwandlerin, die Mutige, die Das-Leben-Liebende, die Strahlende, die Der-Freude-Folgende, die Gelassene, Josephine Baker, Snoop Dogg.

Also, Liebes, wie ist dein Blick auf dich selbst? Siehst du dich als Armutschkerl oder als No-Drama-Banana?

Es ist Zeit, Verantwortung für dein Leben zu übernehmen

Herzilein, wir möchten dir mit aller Eindringlichkeit sagen: Du bist kein Opfer! Du hast alles in der Hand, um eine entspannte Frau zu sein. Du bist eine Frau, die gelassen ist. Die mit beiden Beinen stabil und sicher im Leben steht. Die sich nicht nur ein Visionboard bastelt, in der Hoffnung, dass sich alles erfüllt. Nein! Du bist dein eigenes Visionboard. Du bist die Queen der Queens. Ciao Armutschkerl! Indem du aus der Drama-Rolle aussteigst, bist du frei und kommst in deine volle Handlungs- und Gestaltungsfähigkeit, anstatt dich im Selbstmitleid zu suhlen oder die Schuld im Außen zu suchen (und dadurch deine Macht an andere abzugeben). Du hast in jeder Beziehung auch immer deinen Anteil. Und auch wenn ein Partner nicht gut mit dir umgeht, kannst du immer entscheiden, wie du dich behandeln lässt. Die Frage ist, wie lang willst du dir das gefallen lassen, wann zeigst du eine Grenze auf oder wann trennst du dich? Du trägst die große Verantwortung für dich und dein Lebensglück.

Lust auf ein Beispiel? Nehmen wir an, ein Mann, mit dem du ein schönes Date hattest, zieht sich plötzlich nach dem Sex zurück und meldet sich nicht mehr. Der erste Impuls ist meist, dem Mann die Schuld zu geben. Oder gleich allen Männern. Und gleich danach suchst du den Fehler bei dir, stimmt's? »Was habe ich falsch gemacht? Was stimmt nicht mit mir? Warum passiert das immer mir? Warum sind alle Männer solche Schweine?«

Aber genau diese Gedanken helfen dir nicht weiter. Sie katapultieren dich sofort in den Opfermodus und blockieren dich. Ja, Liebes, sein Verhalten ist definitiv nicht schön und wir verstehen so gut, dass es wehtut. Wenn du aber die Verantwortung abgibst, wirst du wahrscheinlich das Gleiche mit dem nächsten Mann wieder erleben. Immer in der Hoffnung, dass der sich diesmal anders verhält.

Wie kannst du also eigenverantwortlich damit umgehen?

Wie es das Wort »eigenverantwortlich« schon sagt: Übernimm die Verantwortung. Reflektier über deine Grenzen und Standards und frag dich: »Welche Rolle hab ich dabei gespielt, dies zuzulassen? Was kann ich in Zukunft tun, um nicht in eine ähnliche Situation zu geraten?«

- ◇ Eine Grenze setzen
- ◇ Ganz zu mir stehen
- ◇ Auf meine Intuition hören
- ◇ Mir Zeit lassen
- ◇ Mit dem Sex warten und ihn erst mal länger kennenlernen
- ◇ Authentisch sein und nicht das »lockere, coole Mädchen spielen«
- ◇ Dazu stehen, dass ich eine Frau für eine feste Liebesbeziehung bin und keine für eine Nacht
- ◇ …

Sobald du deine Gedanken weg vom Drama und dem Armsein hin zur Lösungsfindung lenkst, kommst du sofort zurück in deine Kraft. Nimm es an, ohne es tot zu analysieren, und richt dich darauf aus, wo du hinmöchtest. Das öffnet dir in der Sekunde neue Perspektiven und Handlungsspielräume.

Um aus der Opferrolle auszusteigen, ist es wichtig, die Entscheidung zu treffen, nicht mehr das Opfer zu sein. Und – wir wissen, wir wiederholen uns, aber es ist einfach so unendlich wichtig – ganz bewusst die Verantwortung für dein Leben zu übernehmen.

Opferenergie ist ein bisserl wie Sachertorte ohne Schlagobers. Kann man probieren, kommt nur nix dabei raus.

Raus aus der Opferrolle

Zum Abschluss noch ein paar wichtige Reflexionsfragen für dich. Nimm dir dafür bitte alle Zeit der Welt. Du kannst dir gern auch eine heilsame Atmosphäre kreieren, eine Kerze anzünden und dich mit ein paar bewussten Atemzügen zentrieren:

◇ *Wie fühlt es sich an, im Opfermodus zu sein?*

◇ *Ist es wirklich wahr (zu 100 Prozent), dass ich so arm und hilflos bin?*

◇ *Möchte ich das wirklich?*

◇ *Was will ich stattdessen?*

◇ *Was möchte ich anders machen?*

◇ *Wo will ich ab sofort die Verantwortung übernehmen?*

◇ *Was braucht es für mich, um ein richtig geiles Leben zu führen (»einen Mann« gilt nicht)?*

◇ *Welchen Satz möchte ich mir auf meinen Badezimmerspiegel hängen, der mich richtig gut fühlen lässt? (Und los, auch wirklich machen!)*

◇ *Welche magische Goddess-Superpower will von mir entfesselt werden?*

◇ *Welchen Gedanken und welchen Schritt braucht es, um meinen Wunsch wahr werden zu lassen?*

Bitte sei auch hier geduldig mit dir (und zapf dabei bewusst die No-Drama-Banana-Energie an). Du trainierst gerade neue Verhaltensweisen und lässt alte Schutzmechanismen los. Es ist absolut normal und menschlich, wenn du ab und zu noch mal reinrutschst. Du bist gerade dabei zu üben, immer mehr in deine volle Power zu kommen. Nur Mut und bleib dran, denn es zahlt sich so was von aus! Sobald du die volle Verantwortung für dich und dein Leben übernimmst und erkennst, dass du deine Welt selbst erschaffst, kommst du automatisch vom Opfer- in den Schöpfermodus.

Zum Abschluss dieses wichtigen Themas möchten wir noch mal liebevoll klarstellen: Wir sprechen hier nicht von Momenten, in denen wir wirklich das Opfer sind oder vom Leben gebeutelt werden. Ganz klar: Krisen, Schicksalsschläge, Trennungen, Krankheit oder Jobverlust ziehen einem den Boden unter den Füßen weg. Es ist auch vollkommen verständlich und normal, sich mal klein oder überfordert zu fühlen und sich Unterstützung zu wünschen. Der gesunde Zugang liegt aber darin, Lösungen finden zu wollen. Hilfe anzunehmen. Wieder aufzustehen.

So, du Wundervolle, und jetzt mal g'scheit durchschütteln, stolz auf die Schulter klopfen und diesen grenzgenialen Düngemoment genießen.

Die getriebene Suche im Außen – Alarm, Alarm! Der »Ich muss ihn finden«-Radar ist aktiviert

♡ ♥ ♡ ♥ ♡ ♥ ♡ ♥ ♡ ♥ ♡ ♥ ♡ ♥ ♡ ♥ ♡ ♥ ♡ ♥ ♡ ♥ ♡ ♥ ♡ ♥ ♡ ♥

Wir können uns noch gut an Sabine erinnern – eine unserer ersten Klientinnen. Bevor sie zu uns kam, war sie wie besessen von der Suche nach dem Richtigen. Egal, wo sie war, es drehte sich alles nur um eins: Heute muss ich ihn finden!

Nach jahrelangem, erfolglosem Ausschauhalten nach ihrem Mr. Right erzählte sie uns, dass sie mit der Männerwelt abgeschlossen hatte: »Ich bin jetzt seit neun Jahren Single. Für mich gibt es den Richtigen einfach nicht. Es gibt keinen Funken mehr in mir, der noch daran glaubt. Ich bleibe über und ende als alte, frustrierte Katzenmutti.«

Auch dass sich ihr Kinderwunsch noch erfüllen würde, konnte sie sich absolut nicht mehr vorstellen. Ohne Mann keine Kinder. Das war ihre Überzeugung.

Spoiler #1: Sabine ist mittlerweile glücklich verheiratet und erwartet mit ihrem Liebsten das zweite Kind (und die dritte Katze). Zack, auf einmal war dann nämlich doch alles da. Der Mann. Gemeinsame Kinder. Pure Liebe und ein rundum erfülltes Leben.

Wenn du dich jetzt fragst, wie Sabine das geschafft hat, möchten wir dich bitten, Seite für Seite und Kapitel für Kapitel weiterzulesen. Wir verraten dir all unsere Geheimnisse, die auch ihr zum Erfolg geführt haben.

Spoiler #2: Die krampfhafte Suche ist nicht die Lösung.

Du darfst aufhören zu suchen,
um dich wiederzufinden

Auf der getriebenen Suche nach einem Partner verlierst du vor allem eins: dich selbst.

Warum das so ist? Weil du das Gefühl hast, ohne Mann nicht genug Liebe und Erfüllung im Leben zu haben. Weil du denkst, einen Partner zu brauchen, um endlich glücklich sein zu können, und weil du befürchtest, die Chance zu verpassen, wenn du ihn nicht aktiv suchst oder nicht jeden Abend Online-Swiping betreibst, bis der Daumen glüht.

Und ja, Schwester, wir wissen ganz genau, wie sich das anfühlt. Dieses Sehnen. Dieses Bitten und Betteln. Diese Getriebenheit. Dieses »Ich habe Angst, DIE Chance zu verpassen«. Dieses nicht im Hier und Jetzt zu sein, weil jedes Event, jeder Urlaub, jede Autofahrt, jede noch so banale Situation von deinen krampfhaften Gedanken rund um einen Hawara überschattet wird.

Mal unter uns: Wie sehr hast du dich in der Vergangenheit selbst (und vielleicht auch deinen Stolz) verloren, um deinen Mr. Right zu finden? Wie oft warst du gar nicht du selbst und hast dich verstellt, nur um mehr Liebe zu bekommen? Wie oft hast du Dinge getan, die du nicht tun wolltest, und dich dafür geschämt? Und wie viele schöne Momente konntest du deswegen nicht genießen?

Lass uns dir an dieser Stelle noch eine Geschichte aus Sabines (in ihrem Freundeskreis wurde sie auch »Fräulein-ich-verliebe-mich-in-alles-was-nicht-bei-drei-auf-dem-Baum-ist« genannt) Leben erzählen: Als Sabines Lieblingsband in Wien ihr lang ersehntes Konzert gab, freute sie sich riesig darauf und war schwer aufgeregt (nicht nur wegen der Band, aber dazu später). Es versteht sich von selbst, dass sie sich ordentlich aufbrezelte und in sexy Schale warf. Nicht für die Band, sondern weil ihr ja möglicherweise ein Mann mit Heiratspotenzial in die Arme laufen könnte (also sie ihm, zwecks Romantik und so). Sabines BFF Caro war auch mit von der Partie, denn schließlich ging es darum, an dem Abend so richtig die Sau rauszulassen. Alltag aus. Freiheit an. Party hard. Free your boobs and burn your bras, quasi.

Die beiden gönnten sich zu Hause noch einen letzten Wodka-Shot und schmissen sich in ihre High Heels, während sie auf das Uber warteten. Die Party-Prinzessinnen waren bereit, abgeholt zu werden.

Sabine öffnete die Uber-Tür, stieg ein, sah nach vorn und alles erhellte sich in einem magischen Lichterfeuerwerk (so mit rosa Herzerln und so). Der Uber-Fahrer (nennen wir ihn mal Marc) schenkte Sabine sein schönstes Zahnpastalächeln und in diesem Augenblick war es um sie geschehen: »Alter Schwede, ist der hot!«, schrie es in ihr, überflutet von einer Oxytocin-Welle, die selbst den besten Surfer umgeschmissen hätte. »Caro, Caro! Rutsch her. Hast du das gesehen? Der will was von mir. Ich spür's. Oida, der könnt's wirklich sein!« Caro verdrehte ihre Äuglein: »Bitte Sabs, nicht schon wieder.« Sabine überhörte die Worte ihrer Freundin gekonnt: »Aber er hat mich komplett oarg angelächelt!«

»Pssst jetzt! Reiß dich bitte zam! Das macht er erstens sicher bei jeder. Der will Trinkgeld, verdammt. Und zweitens braucht man bei dir nur einmal lieb schauen und schon kribbelts im Hoserl.« Aber diese lieb gemeinten Worte kamen bereits zu spät. Sabines »Das-muss-er-sein-Radar« war aktiviert. Alarm! Alarm! Das ist EEEEER! Sabines Gedanken fingen weiter zu kreisen an:

»Sehe ich eh gut genug aus?«

»Ist es Marc, der Uber-Fahrer?«

»Oder doch jemand anderer?«

»Werde ich IHN heute treffen?«

Pffff, ein wildes Gedankenkarussell. Könnte ein spannender Abend werden. Schnell Marcs Uber-Nummer abfotografiert und auf zum Konzert.

»Sabs komm, machen wir einen kurzen Zwischenstopp an der Bar. Du brauchst was zum Abkühlen.« Caro reichte ihr den Tequila, doch Sabine hatte sich längst schon wieder verloren und schielte nach rechts: »Caro, schau. Der Typ da rechts von mir. Schau dir den mal an! Ach nein, der hat eine Frau bei sich, vergiss es wieder.« Caro packte ihre Freundin an der Hand: »Komm jetzt, das Konzert fängt gleich an und ich will in die erste Reihe.« »Bitte jetzt stress nicht so.« Sabine entriss ihre Hand. »Die Einzige, die stressig ist, bist du.« Caro reichte es schön langsam. »Bitte gib mir noch fünf Minuten, weil …« »Weil, was?« Caro zog die rechte Augenbraue steil nach oben. »Weil da ein echt süßer Typ steht.« »Ah, geh! Gonz wos Neichs.« »Ich bleib noch ein bisserl hier, geh du schon mal vor.« Sabine drehte sich um und Caro zog angefressen davon (in die erste Reihe, um das Konzert zu genießen). Konzert? Welches Konzert? Das war's dann mal mit dem gemeinsamen Mädelsabend.

Bei aller Liebe, aber es kann ganz schön nervig sein, eine Freundin wie Sabine zu haben. Aber sind wir nicht alle ein bisserl Sabine (... oder war das doch Bluna?) und suchen an allen Ecken und Enden nach Liebe?

Nur auf eine Party zu gehen, wenn dort auch potenzielle Single-Männer sind, oder dich mit Freunden zu treffen, während du eigentlich die ganze Zeit auf Tinder bist, zeigt, dass du dich auf der getriebenen Partnersuche bereits verloren hast. Dein Objekt der Begierde wird (wenn nicht da), wie verrückt gesucht oder (wenn da) auf ein Podest gestellt und – im schlimmsten Fall – angebettelt.

Vielleicht warst du deswegen auch schon mit einem Bleampl zusammen, der dir das Gefühl gegeben hat, nicht gut genug zu sein. Vielleicht hast du einen Mann gedatet, der sich nur wenig bis gar nicht angestrengt hat, um mit dir zusammen zu sein. Vielleicht hast du dich länger mit jemanden getroffen, mit dem du eigentlich gar nicht zusammenpasst. Oder du hast dem Typen links von dir, auf diesem einen Konzert, mehr Aufmerksamkeit geschenkt als deiner besten Freundin, mit der du doch den Abend in purer Freiheit verbringen wolltest. All das nur, um

◇ einen Freund zu haben
◇ nicht übrig zu bleiben
◇ nicht allein zu sein
◇ dich geliebt zu fühlen
◇ endlich diese beschissene Suche zu beenden

Wie schön wäre es, wenn du dein Leben genießt, ohne ständig aus dem Auto zu schauen, ob er neben dir parkt. Wenn du nur dann auf ein Date gehst, sobald es sich für dich auch wirklich richtig anfühlt – und nicht, weil du denkst, du solltest oder musst. Wenn du im vollsten Vertrauen bist, dass er zum richtigsten Zeitpunkt vor dir steht (so ganz ohne Suche). Wenn du an einem Samstagabend gemütlich zu Hause in der Badewanne liegst – ohne Angst zu haben, etwas (ihn) zu verpassen. Denk mal an die Zeit, die du für dich gewinnst, wenn du dich auf andere Dinge konzentrierst als auf die Partnersuche. Wie viel Energie freigesetzt wird, die du für dich (und für die wirklich wichtigen Menschen in deinem Leben) nutzen kannst. Genau dadurch hebst du deine Frequenz. Du kommst von der Angst in die Liebe. Und plötzlich ist es nicht mehr frustrierend und zäh, sondern beflügelnd und leicht. Weil die Liebe – und alles, was dazugehört – leicht, wunderschön und großartig ist. Aber nicht, wenn du wie narrisch danach suchst.

Warum es wirklich wichtig ist, den »Ich muss ihn finden-Radar« zu deaktivieren (Achtung, salziger Finger!)

◇ Viele Beziehungen scheitern an den Erwartungen, die man aneinander stellt. Wenn du mit der Erwartung datest, endlich den Mann fürs Leben zu finden, macht das ziemlichen Druck auf dich – und den Mann. Es ist gut, wenn du weißt, was du willst, und auf deine Standards achtest. Aber nicht jeder »Kandidat« hat Potenzial zum Heiraten. Es ist so wichtig, ihn erst mal in Ruhe kennenzulernen, bevor du vor lauter Erwartungsdruck das zarte Pflänzchen zerdrückst (und den Mann in die Flucht schlägst).

◇ Niemand steht auf Verzweiflung. Die Männer riechen sie schon aus einem Kilometer Entfernung.

◇ Bedürftigkeit zieht Bedürftigkeit an. Bedeutet: Wenn du aus dem Mangel heraus nach einem Mann suchst, ziehst du mit hoher Wahrscheinlichkeit bedürftige oder komplizierte Männer an.

◇ Wenn du mit deinen Gedanken die ganze Zeit in der Zukunft festhängst (Wann kommt er? Wo finde ich ihn? Wie wird es sein?), verpasst du das wunderschöne Leben im Hier und Jetzt.

◇ Keine Sorge, du kannst deinen Richtigen gar nicht verpassen. Also entspann dich, Schwester. Auch wenn du nicht aktiv nach ihm suchst, wird er zum richtigen Zeitpunkt einfach vor dir stehen. Wenn du im Vertrauen bist, kannst du auch jedes Konzert genießen. Mit dir. Und mit deiner besten Freundin. Im Hier und Jetzt. Wild, gedankenfrei und tanzend ohne BH.

Meine Erkenntnis aus diesem Kapitel

Deine Seele speichert alles unterbewusst ab, was für dich, deine Heilung und dein Wachstum gerade jetzt genau richtig ist. Es ist sehr kraftvoll, dir noch ein bisserl Zeit zu schenken. Geh für einen Moment in dich und reflektier, was die Essenz des Gelesenen für dich ist. Dadurch festigst und ankerst du das neu Erlernte. Was auch immer sich bei dir zeigt, es ist genau richtig. Das kann ein Wort, ein Satz oder ein Symbol sein.

Spür für dich noch mal ganz bewusst in folgende Reflexionsfragen rein und beantworte sie am besten schriftlich:

◇ Was lasse ich los?
◇ Was nehme ich mir mit?
◇ Was setze ich um?

Und jetzt notier dir deine Erkenntnis:

....

....

....

....

....

....

....

Zur Seite, zur Seite mit dem gemeinen Volk! Die Königin ist da und will auf ihren Thron. Hinfort mit euch, all ihr Blockaden. Ihr versperrt Eurer Majestät die Sicht auf das Königinnenreich, auch das große Ganze genannt.

Eine Königin braucht nun mal ihren Platz und ihre Krone darf so richtig glänzen. Deswegen entfernen wir in diesem zweiten Kapitel den letzten Dreck, der deine Diamanten noch verstaubt, und begleiten dich dabei, immer mehr die Frau zu sein, die sich ein geiles Leben gestaltet. Eine Frau, die weiß, dass sie alles verdient, was sie sich wünscht.

Wir wollen, dass du dich zeigst. Mit allem, was zu dir gehört. Und dass du dir erlaubst, als Königin deinen Thron zu besteigen. Schluss damit, dich wie eine arme Bettlerin in deinen Beziehungen zu verhalten. Wenn du wie eine Königin behandelt werden möchtest, dann ist es an der Zeit, dass du damit anfängst. Lass uns loslegen, sexy Queen!

Bist du wirklich bereit für eine Beziehung?

Erinnerst du dich an den Film »Die Braut, die sich nicht traut«? Immer, wenn es ernst wird und Julia Roberts vor den Altar tritt, wird sie panisch und läuft so schnell sie kann davon. Viele Brautkleider haben sich angesammelt, aber ein Mann war keiner dabei (bis Richard Gere kam, aber das ist wieder eine andere Geschichte).

Wichtig! Auch wenn sich hier der eine oder andere kleine, bindungsängstliche Anteil zeigt, geht es uns nicht um das Thema Bindungsangst – das wäre viel zu umfangreich und außerdem gibt es darüber zahlreiche großartige Bücher. Wir reden explizit von dem »Nicht-Beziehungs-Bereitschafts-Müsterchen«, das dir womöglich einredet, dass du unbedingt eine Beziehung willst, obwohl du eigentlich noch gar nicht so richtig bereit dafür bist. Klingt komisch, ist aber so. Und ganz ehrlich, so unter uns drei Süßen: Jede, wirklich jede Klientin, mit der wir bisher gearbeitet haben, hat uns erklärt, sie sei bereit, ihren Seelenverwandten zu treffen. Im Laufe der gemeinsamen Arbeit hat sich dann nicht selten gezeigt, dass sie es aus verschiedenen Gründen doch noch (!) nicht war. Und vielleicht geht es dir ähnlich und du würdest es Julia Roberts gleichtun und wie ein Pfitschipfeil davonzischen, wenn Mr. Right jetzt vor dir stünde (ja, genau in diesem Moment – egal, was du gerade anhast, ob deine Beine rasiert oder deine Haare gewaschen sind).

Liebste »Braut, die sich noch nicht traut«, es ist an der Zeit, mal wieder unseren salzigen Finger auszupacken, um in der offenen Wunde zu stierln: Du selbst bist diejenige, die verhindert, dass ein liebevoller, verbindlicher Mann in dein Leben kommt.

Lass uns das Thema genauer beleuchten, wir stellen mal die Hypothese in den Raum: Du denkst, bereit für eine Beziehung zu sein, bist es aber in Wirklichkeit noch gar nicht. Was meinen wir damit?

◇ Wenn deine letzte Partnerschaft nicht lang her ist und du sie noch nicht ganz verarbeitet hast ...

◇ Wenn du dich gerade um dich selbst und um deine Entwicklung kümmern möchtest ...

◇ Wenn du aufgrund schlechter Erfahrungen Sorge hast, verletzt oder abgewiesen zu werden ...

◇ Wenn du Angst hast, dich zu zeigen und zu dir zu stehen ...

◇ Wenn immer wieder Männer in dein Leben kommen, die sich nicht mit dir binden wollen ...

..., dann könnte es sein, dass zwar dein Kopf eine Beziehung will, aber dein Herz noch nicht bereit dafür ist. Du denkst vielleicht, der Mann ist das Problem, aber wie bereit für eine Beziehung bist du wirklich? Spür mal ehrlich hin: 10, 20, 40, 60 Prozent oder mehr? Bei allem unter 100 Prozent lies unbedingt weiter.

Warum nur ein ehrlicher Blick in den Spiegel weiterhilft

Wenn du immer wieder Männer anziehst, die nicht bereit für eine Beziehung mit dir sind, dann ist das natürlich einerseits frustrierend, aber andererseits verbirgt sich dahinter auch ein wertvoller Spiegel für dich.

»Also, Spieglein, Spieglein an der Wand oder, besser gesagt, im Männerland: Wer ist die Schönste im ganzen Land und was möchtest du mir denn zeigen?«

Spiegel: »Frau Königin, Ihr seid zwar die Schönste im ganzen Land (und habt, nebenbei erwähnt, einen echt sexy Hintern), aber auch, wenn Sie es sich von Herzen wünschen, sind Sie scheinbar noch nicht bereit für eine Beziehung.«

»Was soll denn das bedeuten? Wie viel Wahrheit soll ich denn noch ertragen?«, fragst du dich. Wir erklären dir das liebend gern (und sind natürlich wieder ganz per Du).

Möglichkeit 1
Der Spiegel der »Nicht-bereiten-Männer« zeigt dir, dass du selbst noch nicht ganz bereit bist, dich auf einen Mann und eine ernsthafte Liebesbeziehung einzulassen – mit allem, was dazu gehört, auch auf all die Aufgaben, die mit einer ernsthaften Liebesbeziehung einhergehen. Er zeigt dir, dass du noch Angst hast, dich einem Mann gegenüber vollkommen zu öffnen, ihm alles von dir mitzuteilen und dich authentisch und verletzlich zu zeigen. Er spiegelt dir, dass du dich noch zurückhältst und dich nicht traust, tief und echt zu lieben und dabei an deine Grenzen zu stoßen. Der Mann, der sich nicht binden will, braucht eine Frau, die sich genauso wenig einlassen kann. Die mindestens genauso viel Angst davor hat, ihre Unabhängigkeit zu verlieren.

Möglichkeit 2
Der Spiegel zeigt dir, dass du noch nicht ganz bereit bist, hundertprozentig zu dir selbst zu stehen. Ja, du liest richtig. Dass du noch nicht bereit bist, deine wahren Gefühle preiszugeben. Er zeigt dir, dass du dich nicht traust, zu deinen Wünschen, deinen Bedürfnissen und deinen Standards zu stehen. Dass du Angst hast, deine Wahrheit auszusprechen und dich selbst zu lieben. Wenn du nicht vollkommen bereit bist, dich selbst mit allem (auch mit deinen Schattenseiten, deiner Wut, deiner Ungeduld, deiner Faulheit, deiner Cellulite, deinen Speckröllchen und deinen Falten) anzunehmen, dann wirst du höchstwahrscheinlich immer wieder an Männer geraten, die sich nicht richtig einlas-

sen können oder wollen. Oder an Männer, die nicht frei, sondern schon vergeben sind. Männer, die dich ghosten. Männer, die dich ablehnen.

Erst wenn du bereit bist, dich auf dich selbst einzulassen, wird auch der Mann dazu bereit sein. Darum laden wir dich hier und jetzt dazu ein, für dich noch mal zu prüfen: Bist du wirklich für eine Beziehung bereit? Mit allem, was dazugehört? Mit deinem vollen ALL IN? Was sagt das in dir? Welche Gedanken und Gefühle kommen hoch?

Um in deinem inneren Prozess weiterzukommen, musst du ehrlich mit dir selbst sein. Egal, welche Antwort sich dir zeigt: Alles ist richtig und gut und nur eine Bestandsaufnahme dessen, wo du jetzt gerade stehst.

Sei bereit, dich zu öffnen

Wenn du dir sehnlichst eine feste Liebesbeziehung wünschst, ist es wichtig, dass du einerseits bereit und andererseits offen bist. Offen mit allem, was zu dir gehört. Mit deiner Energie, deinen Gedanken, deinem Körper, deiner Mimik, deiner Ausstrahlung – und dass du auch auf Herzebene mit dem Mann in Verbindung gehst. Das ist etwas, das vielen Frauen wirklich schwerfällt, weil sie die ganze Zeit im Kopf sind und alles überanalysieren und zerdenken, statt zu fühlen (was eine wunderschöne weibliche Qualität ist). Sie haben Angst, sich zu öffnen. Genau das aber macht den großen Unterschied, ob eine Herzensverbindung entstehen kann und ob ein Mann sich in dich verliebt oder nicht. All das fängt bei dir an, Liebes. Du darfst dir erlauben, dich zu zeigen, mit allem, was dich ausmacht. So wie du bist. Damit dein Richtiger dich erkennen kann. Damit er dich energetisch spüren kann und sich von dir eingeladen fühlt. Damit du ihn erkennen und empfangen kannst. Damit ihr euch gegenseitig anziehen könnt.

Solang du nicht die Bereitschaft mitbringst, dich voll zu öffnen, ist der Raum der Liebe blockiert, weil dein System nicht das Signal »offen und bereit« aussendet.

Vielleicht bist du zu verschlossen, weil du das Gefühl hast, nicht gut genug zu sein. Vielleicht bist du zu gestresst, weil dich das Leben anstrengt. Vielleicht bist du zu abweisend, weil dich deine Mindfucks beschäftigen. Vielleicht baust du eine zu große Mauer um dich, weil du Angst hast, verletzt zu werden. Vielleicht fühlt sich »Ein Leben lang mit dem Richtigen« doch noch etwas zu lang und einengend an.

Was auch immer es ist: Solang du nicht offen und bereit bist, lädst du die Liebe nicht in dein Leben ein und du wirst IHN nicht wahrnehmen, auch wenn er direkt vor dir steht.

Lass uns mal gemeinsam ein bisserl reflektieren und der Blockade auf die Spur kommen, die dich eventuell noch von der vollen Bereitschaft zurückhält. Spür mal hin, wo es bei dir bimmelt.

Du vertraust nicht darauf, dass …
- ◇ es die Liebe für dich gibt.
- ◇ es liebevolle Männer da draußen gibt.
- ◇ du mit deiner weiblichen Energie gehen darfst und nicht die Führung übernehmen musst, damit es funktioniert.
- ◇ es jemanden gibt, der dich wirklich liebt, wie du bist.

Das bedeutet: Wenn du nicht vertraust, ziehst du im Außen genau das an: einen Partner, dem du nicht vertraust, der dir nicht vertraut, oder Männer, die dich enttäuschen.

Du bist nicht bereit, zu dir zu stehen
Du traust dich nicht ehrlich, deine Gefühle, Wünsche und Sehnsüchte zu kommunizieren. Es fällt dir schwer, deine Standards und Grenzen zu halten.

Das bedeutet: Bist du bereit, dich auf dich selbst einzulassen, wird auch ein Mann dazu bereit sein. Die nicht bereiten Männer zeigen dir, dass du noch nicht hundertprozentig zu dir selbst stehst.

Die Sehnsucht nach einer Beziehung ist zwar groß, aber die Angst davor auch
- Angst vor Enttäuschung
- Angst, verletzt zu werden
- Angst, deine Freiheit und Unabhängigkeit zu verlieren
- Angst, dich zu zeigen
- Angst, für dich einzustehen und Grenzen zu setzen
- Angst, deine Gefühle zu zeigen
- Angst, dich in deiner weiblichen Energie zurückzulehnen
- Angst, zu viel oder zu wenig zu sein

Das bedeutet: Erst wenn du bereit bist, dich deiner Angst zu stellen, wirst du einen Mann anziehen, der sich selbst auch nicht mehr hinter Schutzmauern versteckt.

Es wirken hinderliche Glaubenssätze in dir
- Ich bin es nicht wert, eine Beziehung zu haben.
- Ich bin nicht richtig, wie ich bin.
- Ich bin beziehungsunfähig.
- Bei allen anderen funktioniert es, nur bei mir nicht.
- Mein Herz verschlossen zu halten, bedeutet, nicht verletzt zu werden.
- Ich verdien nicht das große Ganze.

- ◇ Ich brauch keine Männer.
- ◇ Alle guten Männer sind sowieso vergeben.
- ◇ Ich bin nicht schön genug.
- ◇ In mich kann man sich nicht verlieben.
- ◇ …

Das bedeutet: Diese Glaubenssätze machen dich automatisch zu und verschließen dich vor der Liebe. Und so bleibt auch der Platz für einen Mann verschlossen. Oder du ziehst Männer an, die dich nur mit Bedingungen lieben.

Du stellst ihn auf ein Podest (selbst, wenn du ihn noch nicht mal richtig kennst)

- ◇ Du denkst, er ist besser als du.
- ◇ Die Frage »Was will der nur von mir? Der kann doch JEDE haben!« treibt dich um.
- ◇ Du strengst dich an, um ihm zu gefallen.
- ◇ Du hoffst, ihn zu »bekommen«, wenn du nur lieb und sexy genug bist.
- ◇ Alle in deinem Freundeskreis wollen ihn und deswegen willst du ihn erst recht.

Das bedeutet: Du machst deinen Wert von einem Mann abhängig und hungerst nach Bestätigung, Anerkennung und Liebe. In dieser emotionalen Abhängigkeit lässt du emotional unreife Männer in dein Leben und versuchst dich durch den Mann an deiner Seite selbst aufzuwerten. Er wird dadurch zur Trophäe, zum Ziel, zu einer Errungenschaft – aber auf keinen Fall zu dem liebevollen, verständigen Partner, den du dir doch so sehr wünschst.

Du lenkst dich ständig im Außen (von dir selbst) ab
◇ Du kannst nicht allein sein.
◇ Du tinderst wie verrückt.
◇ Du hast oberflächliche Freundschaften.
◇ Du kreierst dein eigenes Drama (alles ist schwierig, anstrengend) und das zeigt sich meist im gesamten Beziehungsfeld.

Das bedeutet: Du lenkst dich ab, um deinen Schmerz nicht fühlen zu müssen. Durch diese Vermeidung kannst du nicht wachsen und ein Teil von dir bleibt immer unentdeckt. Du triffst auf vermeidende Männer.

Du hast noch nicht mit Vergangenem abgeschlossen
◇ Du hast deinen Ex-Partner noch nicht verarbeitet.
◇ Du vergleichst alle anderen Männer mit dem Ex.
◇ Du glaubst, dich erst entlieben zu müssen.
◇ Deine Kindheitsgeschichte wirkt noch stark in dir.
◇ Es gibt noch Dinge, die du loslassen oder für dich erledigen darfst.

Das bedeutet: Wenn du in der Vergangenheit feststeckst, ist oftmals gar kein Mann da. Hör auf mit der Vergangenheit zu kämpfen und richt dich auf die Gegenwart aus und auf das, was du wirklich willst. Rein ins Hier und Jetzt.

Du suchst die »perfekte Beziehung«
◇ Da gibt es sicher noch was Besseres.
◇ Der ist dir zu normal/zu langweilig/zu nett.
◇ Du datest mehrere Männer gleichzeitig oder hast mit ihnen Pseudofreundschaften.

◇ Du stehst auf Bad Boys.

◇ Du hast Gedanken wie: Meine Freundinnen finden ihn nicht gut. Oder: Er ist eigentlich gar nicht mein Typ.

◇ Du findest ständig Ausreden, warum ER es NICHT ist.

Das bedeutet: Dieser Perfektionismus bei der Partnersuche ist einzig und allein eine Schutzstrategie, die deinen mangelnden Selbstwert unbewusst kaschieren soll. Dadurch baust du eine Mauer um dich und lässt niemanden so richtig an dich ran. Du bist gefangen in der Spirale aus »Der, den ich will, der will mich nicht. Und der, der mich will, den will ich nicht«.

Du denkst schlecht über Männer und Beziehungen

◇ Alle Männer sind Betrüger, Schweine, Lügner.

◇ Beziehungen kosten die eigene Freiheit.

◇ Es ist in der heutigen Zeit sehr schwierig geworden, gute Männer kennenzulernen.

◇ Ich hab grundsätzlich immer schlechte Männer getroffen.

◇ Beziehungen sind anstrengend und am Ende wird man doch nur enttäuscht.

◇ Allein bin ich besser dran. (Dann kann ich nicht verletzt werden/hab ich das Drama nicht/hab ich meine Ruhe …)

◇ Ich hab sowieso keine Zeit für eine Beziehung.

◇ Männer kommen mit starken, unabhängigen Frauen wie mir nicht zurecht.

Das bedeutet: Wenn du denkst, dass es keine guten Männer gibt, dann werden sie sich auch nicht zeigen. Wenn du denkst, dass Beziehungen anstrengend sind, dann ist das für dich so. Deine innere Sicht auf die Welt kreiert deine äußere Welt.

Pfuuuuh, da war ganz schön viel dabei, oder? Also, falls du dich irgendwo wiedererkannt hast, dann Gratulation! Das ist wahre Ehrlichkeit und Reflexionsgabe. Einfach wunderbar. Bewusstsein schafft Klarheit und Raum für Veränderung. Genau hier kannst du ansetzen. Trau dich, in die Tiefe zu gehen. Wenn du dir deinen Mr. Right in dein Leben ziehen willst, führt kein Weg daran vorbei, dass du ehrlich nach Innen schaust, deine Baustellen aufräumst und Verantwortung übernimmst.

Die innere Bereitschaft, dich auf eine Liebesbeziehung einzulassen, ist automatisch gleichzusetzen mit der inneren Bereitschaft, dich auf dich selbst einzulassen.

Bist du bereit, dich auf dich selbst einzulassen, wirst du auch den Mann in dein Leben lassen, der dazu bereit ist. Und alle anderen frühzeitig aussortieren. Das ist fix.

Und, Liebes, nachdem du dich dazu entschieden hast, dieses Buch zu lesen, hast du dem Universum gezeigt, wie mutig du bist. Du hast gezeigt, dass du bereit bist. Bereit, alles loszulassen, was dir nicht mehr dient. Bereit, ganz zu dir zu stehen. Bereit, dich voll auf eine Beziehung einzulassen. Auch wenn es sich beängstigend anfühlt. Auch wenn du nicht weißt, wie. Auch wenn du nicht weißt, wann. Es ist bereits alles da. Du bist mittendrin auf deiner Reise zu dir selbst. Und es wird sich so was von gut anfühlen, wenn du Liebe mit Leichtigkeit empfängst. Wenn dein Richtiger auf einmal vor dir steht.

Vertrau auf den richtigen Zeitpunkt und darauf, dass es ihn gibt. Denn genauso ist es. Darauf darfst du dich ausrichten. Das macht dein Herz auf und das Beziehungsfeld bereit. Du kannst die Liebe nicht beeinflussen. Sie macht quasi, was sie will, und das ist auch gut so. Lass dich auf sie ein und lass dich von ihr führen. Die Liebe ist immer für dich.

Wie geht Veränderung?
Ch-ch-changes

Es geht bei Veränderung nicht darum, dass du dich verändern musst, weil mit dir etwas nicht stimmt oder es irgendetwas an dir zu reparieren gäbe (oh nein, Goddess, du bist perfekt und richtig, wie du bist). Es geht darum, dass sich dein Leben endlich verändern darf. Dass sich deine Beziehungserfahrungen verändern dürfen. Dass sich die Schwere in Leichtigkeit verändern darf. Es geht darum, die Blockaden zu verändern, die dich noch ausbremsen.

Wir haben jahrelang Tausende von wundervollen Frauen beraten, die einfach unzufrieden waren. Mit ihrem Alltag, mit ihrem Job und allen voran mit ihrem Liebesleben. Sie wussten nicht, was sie verändern sollen, damit sie die wahre Liebe finden. Liebe, Dating und Männer waren ein Kampf. Anstrengend, mühsam und auslaugend statt genussvoll, freudig und beflügelnd – wie es doch eigentlich sein sollte.

Um pure Fülle in dein Leben zu ziehen, geht es um kleine, innere Veränderungen, die große, lebensverändernde Ergebnisse bringen. Das ist das Geheimnis! Diese inneren Veränderungsprozesse führen dich zur Wurzel dessen, was dich daran hindert, damit die Liebe fließen kann. Sobald du den ersten Schritt der Veränderung setzt, wirst du immer mehr entdecken, was du im Leben und in der Liebe wirklich willst – und auch, was nicht.

Wenn du dich selbst reflektierst und deine Werte erkennst, wirst du mutig die Initiative ergreifen, um den ersten Schritt zu machen. Lass dich nicht von Zweifeln aufhalten. Vertrau auf dich selbst und beginn deine Reise zur Veränderung.

Der magische Moment vor der Veränderung

Wir Frauen haben eins gemeinsam: Wir sind zäh. Wir halten lang durch und viel zu vieles aus. Wir ertragen bis zum Geht-nicht-mehr (und nicht selten bis zum Burn-out). Bis wir in unserem Leben an den Punkt kommen, an dem es so nicht mehr weitergeht und wir uns endlich ein »Ich kann nicht mehr! Ende-Gelände!« eingestehen, vergeht oft viel Zeit und viel Leid. An die innere Unzufriedenheit haben wir uns längst gewöhnt, und auch wenn wir spüren, dass die Dinge gehörig schieflaufen, halten wir tapfer die Stellung und: funktionieren (ein Duracell-Haserl ist nix dagegen).

Wenn das Häferl schon bis zum Rand voll ist, dann genügt oft nur eine klitzekleine Sache, die das Fass zum Überlaufen bringt. Das Limit ist erreicht (oder oft schon weit überschritten) und wir wissen: Jetzt MUSS sich was ändern.

Wir nennen diesen geilen Punkt den »Jetzt-reichts!«-Moment – ein wirklich kraftvoller Moment, denn ab da wird alles anders. Das ist der Augenblick, in dem Frauen oftmals alle alten Zelte niederreißen, sich von Affären lösen, sich aus unglücklichen Beziehungen befreien, den frustrierenden Job kündigen, der Freundin die Meinung sagen, sich endlich Hilfe holen oder auf die Füße stellen (egal, ob barfuß, in Sneakers, Gesundheitsschlapfen oder High Heels).

Also, schönste Frau, wenn du an diesem Punkt angekommen bist, dann gratulieren wir dir ganz herzlich! Denn jetzt geht's loooohooos, Baby! Ab jetzt wird es anders! Und den ersten Schritt zur Veränderung kannst du direkt setzen, denn er läuft ganz easy-cheesy über deine (*Überraschung*) bewusste Entscheidung und dein klares »Ja, ich WILL mein Leben ändern«. Du darfst aufhören, dich selbst fertig zu machen und ein Leben am Limit zu führen. Du darfst dir endlich das große Ganze erlauben. Du darfst Schritte setzen, die dich weiterbringen, dich befreien, und vielleicht schon ganz bald »Ja, ich WILL« vor dem Traualtar sagen.

Spür mal eine Nacht darüber nach:

◇ Was passiert, wenn du so weitermachst, wie bisher?

◇ Was passiert, wenn sich nichts ändert?

◇ Wie dringend ist die Veränderung? Auf einer Skala von 1 bis 10.

Wir möchten dir an dieser Stelle aber gleich mal viel Druck nehmen. Veränderung muss nicht schwer sein, sondern darf (und kann) ganz leicht gehen und in einem Moment passieren.

Der Mindset-Shift passiert genau jetzt – in diesem Augenblick, in dem du hier diese Zeilen liest und spürst, dass es mehr für dich gibt.

Wir lieben dieses Thema wirklich sehr und durften schon Hunderte Veränderungsprozesse begleiten. Was uns jedoch immer wieder auffällt, ist, dass es hier wirklich eine Menge Missverständnisse gibt und dass die halbe Menschheit denkt, dass Veränderung:

◇ wehtut

◇ schwer sein muss

◇ vieler Jahre harter Arbeit bedarf

◇ Geld kostet

◇ jahrelange Coachings und Therapien benötigt

◇ mit Leistung zusammenhängt und diese erst erbracht werden muss, weil Veränderung sonst nichts wert ist

◇ nicht für jeden möglich ist

Doch das ist definitiv nicht wahr! Hinter genau dieser Veränderungs-Blockade steckt Angst. Angst ...

◇ vor dem, was danach kommt

◇ dass es schlimmer wird

◇ dass es nix bringt und sowieso alles bleibt, wie es ist

◇ Menschen zu verlieren – ja, dazu zählt auch der Typ, der sich zwar immer wieder meldet, aber nicht mit dir zusammen sein will oder deine Affäre oder Freunde, die dich lieber weiterhin kleinhalten möchten (damit sie sich ihre eigene Scheiße nicht anschauen müssen)

◇ vorm Einlassen in die Liebe

Angst ist niemals ein guter Berater. Doch sie zeigt dir, wo du noch hinsehen darfst. Welche Blockade dich noch bremst. Welches Muster noch läuft. Welcher blinde Fleck sich noch versteckt.

Sobald wir unserem Verstand mehr vertrauen als unserem Gefühl, verlieren wir uns.

Deswegen laden wir dich hier und jetzt dazu ein: Komm raus aus dem Verstand. Und geh rein ins Gefühl. Denn hier geschieht die Magie der Veränderung – und zwar mit Leichtigkeit. Und ja, Herzi, auch das ist eine bewusste Entscheidung, die du auf unserer gemeinsamen Reise für dich treffen darfst.

Du fragst dich jetzt bestimmt: »Aber WIE geht Veränderung? WIE komm ich dorthin, um mir das zu erfüllen, wonach ich mich so sehr sehne? WIE bekomme ich den Mann? WIE soll das alles funktionieren?«

Tadaaaa ... und hier schaltet sich bereits dein Verstand ein, der oft fanatisch nach Lösungen und Antworten sucht. Lass uns deshalb mal den Verstand für einen Moment auf Urlaub schicken. Gib ihm eine Hängematte, einen Cocktail oder direkt ein One-Way-Ticket nach Dschibuti, denn der Verstand hat jetzt mal kurz Pause.

Das WIE ist nämlich niemals deine Aufgabe. Du musst nicht wissen wie. Es darf dir sogar vollkommen egal sein, WIE du deine Herzenswünsche erreichst. Das Einzige, das du zu tun hast, ist:
1. direkte Entscheidungen zu treffen,
2. dir über das WAS und
3. über dein WARUM bewusst zu sein.

Dadurch kalibrierst du dein gesamtes System auf diese Entscheidung hin. Das WIE fließt dann automatisch auf dich zu.

Mach dich bereit für neue Entscheidungen

Wenn du möchtest, nimm dir jetzt gleich Stift und ein Blatt Papier zur Hand und reflektiere über folgende Punkte:
1. *Entscheid dich für Veränderung. Beispiel: Ja, ich will jetzt etwas ändern.*
2. *WAS konkret möchtest du verändern? Beispiel: Ich will mich nicht mehr so behandeln lassen.*
3. *WARUM möchtest du es verändern? Beispiel: Weil ich es mir wert bin, eine erfüllte Liebesbeziehung zu leben. Weil ich frei und glücklich sein will. Weil ich ein wunderschönes Leben möchte.*

Nichts motiviert uns mehr, als unser Warum zu kennen. Erstelle dir also eine Liebesliste mit all den Gründen, warum du Veränderung willst. Lass diese Liste jeden Tag wachsen.

Wenn du etwas verändern willst, trau dich, in die Tiefe zu gehen. Spür hin, was dich bewegt und was dir wichtig ist.

Du musst dich nicht mehr länger ablenken lassen, du brauchst nicht noch weitere Hunderttausende Abzweigungen, es muss nicht mehr anstrengend sein. Folg deinem Gefühl. Folg der Freude. Folg der Leichtigkeit. It's as easy as that.

Wer sagt,
dass das Leben schwer ist?

Stell dir vor, du legst dich heute Abend ins Bett und während du schläfst, geschieht auf magische Weise ein Wunder und alles, was dich seit Langem belastet, ist gelöst. Die Schwere ist weg. Der Kampf ist vorbei. Und es ist plötzlich ganz leicht. Alles flutscht, alles fließt. Dein großer Herzenswunsch hat sich erfüllt. Woran merkst du morgen früh als Erstes, dass etwas anders ist?

Spür dich da mal richtig rein und genieß diese wunderschönen Zukunftsfantasien. Damit begibst du dich automatisch mit deinem Inneren in einen Zustand, in dem alles möglich, gelöst und leicht ist. Alles, was du dir vorstellen kannst, ist real. Du kannst alles erschaffen, was du möchtest. Ja, auch ein freudvolles, leichtes Leben.

Achtung! Es folgt eine pudelnackerte Truth Bomb. Bitte folgenden Satz bunt, glitzernd und in den schrillsten Farben markieren: **Das Leben ist leicht.** Punkt.

Falls du jetzt denkst: Was? Wie? Das Leben ist leicht? Dann lass uns mal genauer reflektieren. Viele glauben, dass es normal ist, dass:

◇ das Leben hart ist

◇ alles schwer geht

◇ wir uns immer anstrengen müssen

◇ wir leisten müssen, um etwas zu bekommen

◇ wir ständig Probleme haben

- ◇ alles kompliziert ist
- ◇ wir nie den richtigen Partner finden
- ◇ wir nur in anstrengenden Beziehungen landen
- ◇ Freundschaften eher oberflächlich bleiben
- ◇ wir zu wenig Geld haben
- ◇ wir den Job, der uns nicht erfüllt, einfach hinnehmen müssen

All das sind Glaubenssätze, die in uns wirken und uns kleinhalten. Viele unserer Glaubenssätze wurden uns anerzogen oder wir haben sie unbewusst von unseren Bezugspersonen übernommen.

Spür mal hin und frag dich: Wer sagt eigentlich, dass es anstrengend sein muss? Wer sagt das in mir? Meine Mutter, mein Vater, meine Oma, meine verbitterte Tante, die in ihren Katzenpullis auf Familienfeiern immer allen ihre frustrierten Weisheiten aufs Auge drückt? Wer spricht da zu mir?

Sobald du herausgefunden hast, mit welcher Bezugsperson du diese Glaubenssätze verbindest, wirst du erkennen, dass sie nicht zu dir gehören, und sie verlieren einen großen Teil ihrer Kraft. Du musst dich nicht mehr länger von deinen negativen Glaubenssätzen steuern lassen und es muss nicht mehr anstrengend sein.

Du bist es, die mit all ihren Gedanken ihr Leben erschafft. Nicht deine Mutter. Nicht deine Tante. Auch das Auflösen von Glaubenssätzen darf leicht gehen.

Das Leben ist schön. Das Leben ist leicht.
Und es ist immer für uns.

Wir Menschen sind manchmal schon ein bisserl deppert und machen uns gern selbst das Leben schwer. Wir glauben allen Ernstes, Fülle, Leichtigkeit und Freude sind nicht immer möglich. Ja bitte, wo kommt denn der Schas wieder her?

Einerseits glauben wir, dass »schwer« der Normalzustand ist, wünschen uns aber gleichzeitig, dass endlich alles flutscht. Irgendwas (ein Glaubenssatz, eine schmerzhafte Erfahrung) in uns hat jedoch Angst vor dem nächsten Tiefschlag, der nächsten Enttäuschung, dem nächsten Herzschmerz. Man kennt es schließlich nicht anders. Warum sollte es diesmal endlich leicht gehen? Aber das ist ein selbst kreierter Teufelskreis und wir sind gerade mittendrin, ihn zu durchbrechen. Alles beginnt mit dem Gedanken: Das Leben ist leicht. Spür da mal hin. Immer und immer wieder.

Du darfst es dir erlauben, dass alles schön, leicht und frei ist. Dass das Leben einfach nur unendlich leiwand ist und du auf Wolke sieben schwebst. Nicht nur in der Liebe. Sondern in allen Lebensbereichen. Und ganz ohne rosarote Brille. Die brauchst du nämlich gar nicht, weil all das rein gar nichts mit Naivität zu tun hat. Sondern mit dem Real Life. Die Wahrheit ist (und jetzt bitte noch mal ganz genau mitschreiben), dass es normal ist, wenn:

◇ es leicht ist

◇ wir keine Probleme haben

◇ die Liebe nur so fließt

◇ Beziehungen unkompliziert sind

◇ all unsere Lebensbereiche eine Zwölf von zehn sind

◇ wir der Freude folgen

◇ genug für alle da ist (ja, auch gute, beziehungsbereite Männer – was deinen Richtigen einschließt)

◇ wir in der absoluten Fülle leben

◇ wir dem Leben vertrauen

◇ dass es nur so flutscht

Na, da schaust du jetzt groß mit deinen schönen Augerln, gö? Aber all diese Punkte sind nicht der Ausnahme-, sondern der Normalzustand. Und wenn du dort noch nicht bist, dann darfst du alles daransetzen, es dir leicht zu machen. Wie das geht? Das verraten wir dir natürlich.

Mach's dir leicht

1. *Erinnere dich an deine Schöpferkraft, die du in dir trägst.*
2. *Mach das, was sich für dich richtig anfühlt.*
3. *Erkenne, dass es so viele Gründe gibt, dankbar und glücklich zu sein. So viele Gründe, dein Herz offen zu halten. So viele Gründe, wild und hemmungslos zu lieben. Los, schreib jetzt gleich zehn Gründe auf.*

Anmerkung: »Ich find nix!« gilt nicht. Sieh dich mal um. Da gibt es so viel, wofür du dankbar und glücklich sein kannst. Dein wohlig-warmes Bett. Dein großes Herz. Das Lächeln der netten Dame beim Bäcker. Dein Lieblingsessen. Dein sexy Popo. Der Anruf einer lieben Freundin. Na schau, da haben wir doch schon was gefunden.

Also, Liebes, lass dich nicht unterkriegen. Nicht von deinem Verstand. Nicht von irgendwelchen blockierenden Glaubenssätzen. Und nicht von äußeren Umständen.

Klar, die Realität kann bitter und Lebensaufgaben können manchmal echt ungemütlich sein. Aber alles hat einen Grund. Die Übungsaufgaben verfolgen den einzig wahren Zweck: dich zu dem Menschen zurückzuführen, der du bist (und jetzt lies diesen Satz gleich noch mal).

Auch der Typ, der dein Leben vielleicht gerade so kompliziert macht, stellt eine Übungsaufgabe dar. Die möchte dir zum Beispiel zeigen, dass du eine klare Grenze aufzeigen, deine Standards haben solltest.

Wenn also gerade das Chaos an deinem Leben rüttelt und dir die Diamanten aus der Krone fallen, dann nur, damit du dich neu sortierst und noch viel eindrucksvollere Diamanten für deine Krone findest. In diesen Momenten wird alles auf Hochglanz poliert. Ein Königinnen-Durchrüttel-Reinigungsprogramm. Danach fühlst du dich wie neugeboren. Versprochen!

Frag dich in unsicheren Momenten immer wieder: Wozu passiert mir das gerade? Wie würde die Leichtigkeit auf diese Situation reagieren? Es geht bei diesen Fragen darum, den Schalter von schwer auf leicht zu switchen. Das hilft dir dabei, das Leben zu leben, das für dich bestimmt ist. Genau das darfst du üben, üben, üben und dich immer wieder auf »Easy-cheesyness« ausrichten.

Du verlierst dich, um dich selbst wiederzufinden.

Folge der Freude

♡ ♥ ♡ ♥ ♡ ♥ ♡ ♥ ♡ ♥ ♡ ♥ ♡ ♥ ♡ ♥ ♡ ♥ ♡ ♥ ♡ ♥ ♡ ♥ ♡ ♥ ♡ ♥

Wer sich jetzt denkt, Folge der Freude ist ein Brettspiel à la »Das Spiel des Lebens«, liegt leider weit daneben. Folge der Freude ist unser ultimativer Game Changer (also doch irgendwie ein Spiel).
    Wir beide entscheiden uns tagtäglich dazu, der Freude zu folgen, und richten uns seit Jahren genau darauf aus. Das beginnt schon am frühen Morgen. Haben wir dir schon davon erzählt, dass wir uns seit Jahren jeden Tag eine Guten-Morgen-Sprachnachricht sprechen? Diese Sprachnachrichten sollten niemals (niemals!) an die Öffentlichkeit geraten (außer du möchtest mal unsere Opernvariante von »Guten Morgen, guten Morgen, Sonnenschein« hören). Wir haben einfach so viel Spaß daran, uns die lustigsten Nachrichten und dazugehörigen Bussi-Fotos zu schicken. Die Gesichter noch ganz frisch vom Polster zerdrückt. Ganz schön herzig, oder? Da geht's um nix und jede von uns kann und soll genau so sein, wie sie ist. Ein essenzieller Wert unserer Freundschaft. Diese Momente sind uns heilig und es gibt mittlerweile keine andere Option mehr, um glücklich in den Tag zu starten. Freude, Humor, Liebe. Geiler Scheiß, sagen wir dir. Die Basis, die Leichtigkeit schafft.
    Du willst unsere juicy secrets, um der Freude zu folgen? Verraten wir dir natürlich. Setz dich hin, nimm einen Keks und hör gut zu: Wir spüren hin, was sich für uns richtig anfühlt, und handeln danach. Das hat alles verändert. Da geht es ganz viel um Energie und die Fragen: Was lädt mich auf? Was saugt mich aus? Breaking News: Das, was dich auflädt, dort bist du richtig. Dort versteckt sich die Freude. Je mehr du dich dafür aufmachst, desto mehr beschenkt dich das Leben. Wir sind mittlerweile zu lebendigen Magneten mutiert (nein, das war nicht schon immer

so) und ziehen alles in unser Leben, was wir uns wünschen. Und das mit absoluter Leichtigkeit. Unser Leben hält so viele Geschenke für uns bereit (dich zum Beispiel). Je mehr wir vertrauen und es fließen lassen, desto größer, schöner und magischer sind die Ergebnisse im Außen. Und das fühlt sich einfach so gut und so sexy an. Das ist pure Fülle. Wir werden regelmäßig darauf angesprochen, wie es sein kann, dass wir immer so positiv und freudvoll durchs Leben hüpfen. Liegt es an psilocybinhaltigen Pilzen? Womöglich. Ist das ein Fetisch? Könnte sein. Zu viele Disney-Filme gesehen? Nein, tatsächlich nicht. Es ist einfach Freude. Neben der Liebe die beste legale Droge, die es gibt.

Bereit für einen anständigen Rausch? Dann öffne dich mal für eine neue Art zu denken und lass dich überraschen, was dir die Freude zuflüstert: Was würde wohl passieren, wenn du dich auf »Alles ist möglich« ausrichtest? Was würde passieren, wenn du anfängst, deiner Freude zu folgen?

Übrigens hast du ein faszinierendes Werkzeug zum Freude-Selbst-Check in dir eingebaut. Das lässt dich körperlich fühlen, ob du in der Angst oder in der Freude bist.

Die Freude macht dich auf, lässt dich atmen, gibt dir Kraft, fühlt sich gut und leicht an.

Die Angst macht dich zu, beklemmt deinen Atem, lässt dich unruhig fühlen, fühlt sich schwer an.

Erlaub nicht, dass die Angst dich steuert, und lass dich mutig auf das Leben ein. Wenn du fliegen willst, musst du springen. Und den Liebessprung auch beim Daten wagen. Lass uns das anhand eines Beispiels genauer durchleuchten: Du datest schon länger einen Mann, der wenig Interesse an dir zeigt. Er meldet sich zwar, aber eher sporadisch und halbherzig. Die Initiative geht hauptsächlich von dir aus. Das verunsichert dich, weil du nicht weißt, woran du bei ihm bist. Diese Verunsicherung bringt dich dazu, noch mehr um ihn zu betteln und ihm hinterherzujagen (wie eine ausgehungerte Löwin auf der Suche nach der letzten übrig gebliebenen Gazelle). Du spürst zwar, dass du das so nicht mehr willst, doch tief in dir drinnen breitet sich Angst aus. Angst, dass du für immer allein bleibst. Deswegen gibst du dich mit dem zufrieden, was du bekommst. Und das ist nicht viel.

Es gibt jetzt zwei Möglichkeiten, wie du damit umgehen kannst:

Option 1: Du machst so weiter wie bisher, lässt dich von der Angst leiten und es bleibt alles, wie es ist. Du strengst dich an, damit du diesen Mann halten kannst (das fühlt sich schwerer an, als den Mount Everest mit High Heels zu besteigen) und verleugnest dich selbst. Trotz allem fügst du dich dieser »Beziehungs-Situation« und blockierst dadurch den Platz für den Richtigen.

Option 2: Du spürst, dass dir das nicht guttut und es dich deine heilige Energie kostet. Du entscheidest dich dazu, zu dir und zu deinem Herzenswunsch nach einer ernsthaften Liebesbeziehung zu stehen. Verdammt noch mal, ja! Du willst das! Schluss mit diesen halb warmen Männergeschichten. No Wischiwaschi anymore! Und zack! Du beendest die Liaison mit diesem Mann und machst dadurch Platz für das große Ganze und den Richtigen.

Na, was meinst du? Welche Option folgt der Freude? Yaaaas, Queen! Deine frisch polierte Krone steht dir einfach so gut.

Eine Frau, die nach Option 1 lebt, lässt sich von ihrer Angst steuern und macht sich klein. Zum Unterschied dazu kennt eine Frau, die Option 2 lebt, ihren Wert, High Value, Göttin/Königin. Bääm!

Es ist alles für dich da. Die Beziehung, das Geld, die wahre Freundschaft, die bedingungslose Liebe, dein Traumjob. Was immer du dir wünschst. Und denk dran: Es darf leicht sein. Sobald du für dich die Entscheidung getroffen hast, dass es leicht werden darf, sei überrascht, wie schnell dir das Universum deinen Herzenswunsch erfüllt (und das Universum liebt es, dich zu überraschen und zu beschenken).

Du musst dich nicht erst selbst lieben, bevor andere dich lieben können

»Selbstliebe? Nein, bitte nicht! Hört mir auf mit diesem Schmarrn. Ich kann das schon nicht mehr hören und selbst im Möbelhaus meines Vertrauens leuchtet es mir auf sämtlichen Bildern und Pölstern entgegen: ›Love yourself! Doooooo it! Noooooow‹. Da bin ich raus!«

Ja, wir verstehen deine Gedanken so gut. Wir können diese »motivierenden« Zitate auch nicht mehr sehen. Aber keine Sorge, bleib ganz bei uns und lehn dich zurück. Jetzt kommt alles anders, versprochen.

Wir möchten dir unseren persönlichen und sehr entspannten Umgang mit dem Thema Selbstliebe vorstellen (entspannt ist so ein schönes Wort, besonders in Kombination mit Selbstliebe. Das muss man sich mal akustisch auf der Zunge zergehen lassen … entspannte Selbstliebe … Om). Lass dir jetzt von uns eine große Last von deinen Schultern nehmen, denn es ist so was von an der Zeit, aus dem perfektionistischen »Was muss ich noch alles an mir verbessern, um geliebt zu werden?«-Stress auszusteigen und dem ganzen »Selbst-Fürsorge-Selbst-Liebe-Selbst-Annahme-Selbst-Dingsbums-Wahnsinn« den Rücken zu kehren. Komm mal ein Stückchen näher. Wir flüstern dir jetzt ein großes Geheimnis (das du bitte unbedingt weitererzählst, gö? In dein sexy Öhrchen: Auch eine Göttin liebt sich nicht zu 100 Prozent selbst.

Hör auf, dich selbst zu lieben

Hast du das auch schon mal gehört, dass du dich zuerst selbst lieben musst, bevor dich jemand anderer lieben kann? Und dass Selbstliebe die beste Medizin ist, um eine glückliche Partnerschaft führen zu können? Oder dass du keinen anderen Menschen annehmen kannst, wenn du dich nicht selbst annimmst?

Bitte lass dir mit aller Deutlichkeit gesagt sein: Das ist Bullshit und nicht wahr! Selbstliebe ist nicht der ultimative Schlüssel für alles. Selbstliebe ist keine Voraussetzung, um geliebt zu werden. Und genau dieser Glaubenssatz macht zusätzlich großen Druck auf Menschen, denen es sowieso nicht gut geht.

»Lieb dich doch einfach selbst«, haben sie gesagt. »Dann wird das schon werden«, haben sie gesagt. Ja aber bitte, wie soll das gehen? Was soll das bringen? Wer kann das auf Kommando? Und was überhaupt wird dann schon werden? Wir fragen uns wirklich, welcher Gscheitling dieses Gerücht in die Welt gesetzt hat, denn er hat damit so viel Herzschmerz verursacht.

Dieser ganze Selbstliebe-Trend wird gern als Patentlösung für alles verkauft, verursacht jedoch oft eher Bauchschmerzen und Selbstzweifel (vielleicht genau wegen dem zu speckigen Bauch/den Mondlandschaft-Oberschenkeln/dem schiefen Zinken/dem verfilzten Achselhaar/ _____ – persönliche Problemzone hier einsetzen). Es wird uns jedenfalls unterschwellig suggeriert, dass der Ursprung all unserer Probleme oder nicht erfüllten Wünsche in der mangelnden Selbstliebe liegt. Wir machen scheinbar noch irgendetwas falsch oder haben »es« noch immer nicht verstanden, sonst wären wir ja nicht mehr allein.

Das treibt uns in das altbekannte »Wenn-dann-Dilemma«. WENN ich mich mehr liebe, DANN bekomme ich einen Partner. WENN ich einen Partner habe, DANN bin ich glücklich. WENN ich noch mehr an mir arbeite, DANN bin ich liebenswert. Wenn, dann Watschenmann. Jegliches »Wenn-dann« führt zu nichts. Damit erpressen wir uns selbst und geben uns zu verstehen, dass wir erst eine Bedingung erfüllen müssen, um geliebt zu werden. Wir sind Gefangene des Selbstoptimierungswahns und schauen weiterhin verschämt anstatt liebevoll in den Spiegel.

Da stellen sich alle Härchen bei uns auf. (Und wir verraten dir noch ein Geheimnis: Davon haben wir ganz schön viele. Chewbacca lässt grüßen.) Ganz ehrlich, wer liebt sich denn wirklich immer selbst? Wir jedenfalls nicht und haben trotzdem (oder vielleicht gerade deshalb?) ein wunderschönes Leben. Wir haben nicht den Anspruch an uns, die selbstliebendsten Menschen des Planeten Erde zu werden. Nein. Wir möchten frei sein. Entspannt. Glücklich. Und echt.

Wir laden dich hier und jetzt dazu ein, ganz bewusst aus dieser Spirale des Selbstliebe-Zwangs auszusteigen und stattdessen einfach mal die Situation so anzunehmen, wie sie ist. Und ja, manchmal magst du dich wahrscheinlich ganz gern und an anderen Tagen kannst du dich einfach nicht ausstehen. Das ist menschlich. Konflikte, Tränen und Streit kommen in den besten Liebesgeschichten vor. Auch in der mit dir selbst.

Du darfst nachsichtiger mit dir sein und lernen, dich nach jedem Streit mit dir wieder zu versöhnen. Dich selbst zu verlieren und dich wiederzufinden. An dir zu zweifeln und dich in dich zu verlieben. All das steht nicht in Widerspruch zueinander. Das ist Beziehung. Das ist Lebendigkeit. That's life.

Stell dir vor, du hast eine Phase, in der es dir nicht so gut geht. Du bist dir selbst zuwider, willst einfach geliebt werden und der Mann, der es mit dir ernst meint, lässt auch noch auf sich warten. Was macht das mit dir, wenn dir dann jemand sagt: »Jetzt mach mal. Lieb dich doch einfach selbst. Dann sind deine Probleme gelöst.«? Es erzeugt nur noch mehr Druck, stimmt's?

Es bringt dich nicht weiter, wenn du dich dazu nötigst, dich lieben zu müssen, wenn es jetzt aber einfach nicht geht. Deswegen sagen wir dir: Du darfst damit aufhören. Hör mal für eine Zeit damit auf, dich selbst lieben zu wollen. Hör auf, besser werden zu wollen. Hör auf, die »beste Version deiner Selbst« (was soll das überhaupt sein?) anzustreben. Hör auf, an dir herumzudoktern. Stattdessen sag dir: »Es ist, wie es ist, und das ist vollkommen in Ordnung.« Und lass dich überraschen, was dann passiert.

Du bist, was du glaubst

Zu denken, du müsstest dich erst selbst lieben, bevor du geliebt werden kannst, ist ein Glaubenssatz. Und wie du wahrscheinlich weißt, kreieren deine inneren Überzeugungen deine äußere Welt. Kurz gesagt: Wenn du das glaubst, dann ist es für dich so.

Zu denken, du müsstest dich erst selbst lieben, bevor du geliebt werden kannst, verschließt dich vor all der Liebe, die um dich und in dir ist. Genau diese Gedanken stellen dir ständig das Haxerl und halten dich klein. Du kannst nicht nach dem Glaubenssatz leben: Ich muss mich erst selbst lieben, bevor andere mich lieben können, und dich gleichzeitig geliebt fühlen. Genau hier liegt der Knoten. (Und nicht in der fehlenden Selbstliebe.)

Heilige Maria, die Knotenlöserin, wir bitten dich, erhöre uns und erlöse uns von diesen gschissenen Knoten, die uns festhalten. Na okay, lassen wir das lieber. Wir reden zwar oft von Göttinnen, aber so heilig sind wir dann doch wieder nicht. Und es braucht wirklich nicht die heilige Maria, um diesen Knoten zu entwirren. Sondern einfach dich.

Belastende Gedanken entkräften

Wann immer belastende Gedanken hochkommen, kannst du sie im ersten Schritt mit einfachen Gegenfragen entkräften:

◇ *Ist dieser Gedanke wirklich wahr?*
◇ *Ist das immer und bei jedem so?*
◇ *Was macht das mit mir, wenn ich diesen Gedanken glaub?*

◇ Was möcht ich stattdessen denken?
◇ Wie fühl ich mich ohne diesen Gedanken?

Und nun verwandle im zweiten Schritt diese negativen Glaubenssätze in neue, positive, dir dienliche Lösungssätze und schreib sie auf. Beispiele für deine Glaubenssatz-Transformation könnten sein:

Alter, negativer Glaubenssatz:
Ich muss mich erst einmal selbst lieben, bevor andere mich lieben können.
Neuer, positiver Glaubenssatz:
Ich bin immer liebenswert.

Alter, negativer Glaubenssatz:
Ich muss all meine Probleme gelöst haben, um eine Beziehung führen zu können.
Neuer, positiver Glaubenssatz:
Ich bin beziehungsfähig und wachse mit einem Partner weiter.

Alter, negativer Glaubenssatz:
Ich muss mich selbst lieben.
Neuer, positiver Glaubenssatz:
Einen Scheiß muss ich. Oder etwas damenhafter gesagt: Es ist okay, wie es ist.

Alter, negativer Glaubenssatz:
Ich bin ein verlorenes Armutschkerl.
Neuer, positiver Glaubenssatz:
Ich bin die coolste No-Drama-Banana ever.

So kannst du mit all deinen negativen Glaubenssätzen vorgehen und sie transformieren. Und plötzlich fühlst du dich wie befreit und neugeboren.

Selbstliebe als Single vs. Selbstliebe in einer Partnerschaft

Egal, ob du Single oder in einer Partnerschaft bist: Du darfst lernen, dich selbst so zu akzeptieren, wie du bist. Einzigartig, wundervoll, liebenswert und besonders. Mit richtig anständigen Fehlern, Ecken und Kanten, die dich einfach ausmachen.

Wie unfassbar langweilig wäre es, wenn dieses »Selbstliebe-Pensum« irgendwann mal vollkommen erfüllt wäre. Schließlich lässt uns gerade dieser stetige, persönliche Prozess immer weiter lernen und wachsen.

Übrigens: Menschen in einer Partnerschaft sind nicht automatisch selbstliebender als Singles. Diese Theorie geht in der Praxis definitiv nicht auf. Und wir möchten dir auch den Druck nehmen, glücklicher Single sein zu müssen, damit dein Mr. Right in dein Leben kommen kann. Du wirst nicht erst einen Partner bekommen, wenn du »austherapiert« bist. Dein Partner kommt zum allerrichtigsten Zeitpunkt in dein Leben. Das steht fest wie das Amen im Gebet.

Und wenn du dann in einer Liebesbeziehung bist, wächst du für dich und auch gemeinsam mit deinem Partner weiter. Also solltest du dich zurzeit vielleicht nicht so gut selbst lieben können, werden du und dein (zukünftiger) Partner euch gegenseitig ein Stückchen gesund lieben. Die liebe Liebe hat so eine Kraft, das unterschätzen wir viel zu oft.

Auch wenn die gefühlt 27 Baustellen noch nicht gelöst sind, bedeutet es nicht, keine Beziehung oder nur toxische Beziehungen führen zu können. Und nein, nur weil du dir eine Beziehung wünschst, bist du noch lang nicht bedürftig oder abhängig – sondern einfach ein Mensch.

Lass dir bitte liebevoll (aber nicht minder eindringlich) von uns gesagt sein: Du musst jetzt nicht schon irgendwo sein, um beziehungsfähig zu sein. Du bist es und dein Ausgangspunkt ist genau der richtige.

So, Schwester, und jetzt schnall dich gut an, denn nun kommt die wichtigste Botschaft, die du dir am besten gleich mit einem Textmarker bunt hervorhebst:

Du bist immer, immer, immer liebenswert.
Du wirst immer geliebt und bist so was von liebesfähig.

Genau das bist du. Lass dir von niemandem etwas anderes einreden. Auch nicht von deinem Verstand.

Ja, du bist es genau in diesem Augenblick wert, geliebt zu werden. Ohne Wenn und Aber. Ohne Bedingungen. Ob mit oder ohne Partner. Du bist nicht nur trotz, sondern gerade wegen all deiner »Schwächen« liebenswert. Du musst nichts tun, um geliebt zu werden, und verdienst eine wundervolle Liebesbeziehung. Jetzt und immer!

Und wenn du dich grad nicht selbst lieben kannst, dann darf das auch mal jemand anderes für dich übernehmen. Zum Beispiel wir.

Die Liebe ist leicht, ohne diesen ganzen Druck

Wie du schon mitbekommen hast, glauben wir ganz fest an die Liebe. Wir glauben von ganzem Herzen daran, dass wir andere glücklich lieben können. Wir glauben, dass die Liebe eine solche Power hat, dass sie Selbstzweifel auslöscht, Blockaden überwindet und alte Verletzungen heilt. Liebe ist keine Strategie, die du anwendest und dann flutscht es. Nein! Liebe ist eine viel höhere Macht und die natürlichste Sache der Welt. Sie ist deine ureigene, wahre Essenz. Du bist Liebe. Du kannst dich jederzeit mit ihr verbinden und schon fließt die Energie. (Ja, das geht ganz einfach.) Auf welche Weise du dich mit ihr verbindest, ist nicht relevant. Spür mal für dich hin, in welchen Momenten du die Liebe spürst. Vielleicht ist es bei einem Gespräch mit einer lieben Freundin. Oder beim Streicheln eines geliebten Tieres. Bei einem Spaziergang in der Natur. Bei einer heißen Runde Masturbation oder pudelnackertem Yoga. Ganz egal, was. Alles, was dich gut fühlen lässt, ist richtig. Da ist doch direkt ein wohliges Kribbeln in deinem Bauch zu spüren, wenn du nur daran denkst, nicht wahr?

Es gibt unzählige Möglichkeiten, dich der Liebe zuzuwenden, und wir haben dafür eine wunderschöne Übung für dich:

Daily Love Habits

Gestalte dir eine bunte Liste aus Dingen, Symbolen, Gefühlen, Momenten, Ereignissen, an denen du die Liebesenergie spürst. Diese kannst du dir immer wieder hernehmen und jederzeit die Liebe damit aktivieren.

Diese Liebes-Liste darf wachsen, sich entwickeln, leben und mit Freude gestaltet werden.

Beispiele: Ein Herz morgens auf den Spiegel malen, Tee im Bett, in der Früh eine Schoki für den Abend aufs Kopfkissen legen, Lieblingsmusik beim Frühstück, ein wilder Tanz mit dir selbst, deinen Lieblingsfilm anschauen, Kerzen aufstellen, dir ein Selbstliebe-Date schenken, einfach mal nichts tun, pudelnackert dieses Buch lesen, mal wieder so richtig einen draufmachen, einen ganzen Tag lang nur Königin sein (oder einen Monat, ein Jahr, dein ganzes Leben) ...

All das füllt deinen Liebesspeicher, und wenn du überfließt, kannst du deine Liebe mit der Welt teilen. So wunderschön!

Richte den Fokus auf dich. Und dann finde die Liebe in allem, was dich umgibt. Ganz besonders in dir.

Probier's mal mit Verletzlichkeit

♡ ♥ ♡ ♥ ♡ ♥ ♡ ♥ ♡ ♥ ♡ ♥ ♡ ♥ ♡ ♥ ♡ ♥ ♡ ♥ ♡ ♥ ♡ ♥ ♡ ♥ ♡ ♥ ♡ ♥

20 Minuten in unserer Praxis und unsere Klientin weint bereits: »Ich habe wieder einen Mann kennengelernt, der mich nicht will. Ich kann nicht mehr! Ich verstehe das alles nicht.«

Nicht nur die Tränen fließen wie ein Wasserfall, sondern auch ihre Worte. Sie kann gar nicht aufhören, uns zu erklären, wie verzweifelt sie ist. Obwohl sie sich so anstrengt. Obwohl sie sich so bemüht. Obwohl sie schon alles versucht hat, es den Männern recht zu machen, bleibt keiner bei ihr.

Liebevoll stoppen wir ihren Redefluss und konfrontieren sie mit folgenden Fragen: Wie sehr verstellst du dich, damit ein Mann dich will? Wie sehr passt du dich an, damit er bleibt? Und wie sehr verleugnest du dein wahres Wesen? Wie sehr zeigst du dich, wie du bist? Unsere Klientin schluckt, denn damit hat sie nicht gerechnet (war denn nicht gerade noch der Mann das Problem?). »Aber wie zeig ich mich selbst? Was bedeutet das?«

Das bedeutet, den Mut aufzubringen, dich verletzlich zu machen und deine wahren Gefühle zu offenbaren. All das zu zeigen, was dich ausmacht. Dich anzunehmen, wie du bist. Und dass es dir egal wird, was andere über dich denken.

Hinter dem Thema, sich zu zeigen, steckt noch eine weitere große Frage: Wie sehr siehst du dich selbst? Nicht nur im Spiegel. Sondern dein ganzes Wesen. Wie sehr beachtest du deine Bedürfnisse? Wie sehr stehst du zu deinen Grenzen und Standards? Und wie sehr hast du noch Angst, abgelehnt zu werden?

Wenn wir beide so in dieses Thema hineinspüren, wissen wir gar nicht, ob »verletzlich« überhaupt das richtige Wort ist. Da geht es um so viel mehr. Lass es uns noch etwas aufmachen. Vielleicht gefällt uns »berührbar«, »erreichbar«, »verbunden«

oder »herzoffen« besser. Denn so viele Frauen sind oft genau das nicht, weil sie ihr Herzerl vor weiterem Schmerz und Enttäuschungen schützen wollen. Sie haben Angst, nicht geliebt zu werden. Dabei wünschen sie sich eigentlich nur eins: Nähe zu erleben. Genau deswegen hat die Verletzlichkeit auch so großes Heilungspotenzial.

Zeigst du dich, wirst du gesehen.
Zeigst du dich, öffnest du dein Herz.
Zeigst du dich, fühlst du dich verbunden.

In deiner Verletzlichkeit steckt tiefe innere Freiheit. Mit deiner Verletzlichkeit teilst du deine Gefühle, deine Gedanken, deine Freude, deine Liebe, dein Glück und deine Wahrheit. Du teilst alles, was dich ausmacht. Und davon gibt es so viel. Wenn du dich verletzlich zeigst, können die richtigen Menschen zu dir finden.

Gerade im Dating tendieren viele Frauen dazu, sich zu verstellen oder die Unnahbare zu spielen. Sie denken, dass sie sich interessanter machen und von der besten Seite zeigen müssen, damit ER anbeißt. Doch, Liebes, wenn du die Coole spielst, dann ist es auch genau das: Es ist ein Schauspiel (aufgrund deines Schutzmusters). Du folgst einem Skript. Oder googlest nach irgendeiner Dating-Strategie, die dich zum Männer-Erfolg führen soll und in etwa so lautet:

◇ Schritt 1: Mach dich unnahbar.

◇ Schritt 2: Zieh dir dein heißestes Outfit an (denn Männer wollen attraktive Frauen).

◇ Schritt 3: Lache nicht zu laut (das könnte bedürftig wirken).

◇ Schritt 4: Wenn er sich meldet, warte mindestens 3,75 Stunden, bis du antwortest.

Doch diese Tipps sind nicht zielführend. Dabei bekommen wir höchstens Wut-Pusteln. Wir verraten dir was: Sobald du denkst, Strategien und Rollen zu brauchen, hast du bereits den Zugang zu dir selbst verloren und vergessen, welch zauberhaftes Wesen du bist.

Mal ehrlich: Würde eine Frau, die ihren Wert kennt, vier Schritte befolgen, um einen Mann zu manipulieren, damit er sich in sie verliebt? Niemals!

Zeig dich, wie du bist. Zieh an, was du willst. Lach so laut, dass die Wände wackeln. Mach alles, was du möchtest.

Wenn es dein Wunsch ist, eine wunderschöne Partnerschaft zu leben, ist unsere Einladung an dich, deine Masken fallen zu lassen und ganz bei dir selbst anzukommen.

Echte Liebe ist das Ergebnis von echtem Sein

Verletzlichkeit ist nicht nur bei der Partnersuche wichtig, sondern auch in deiner zukünftigen Beziehung. Sie verbindet dich mit deinem Partner. Sie ist die Voraussetzung für wahre Intimität. Eine erfüllende Beziehung kann nur dann entstehen und wachsen, wenn du bereit bist, dich verletzlich zu machen und echt zu zeigen. Ansonsten kommuniziert dein Partner oder dein Date mit deiner Schutzmauer und nicht mit dir.

Noch kurz zum Dating-Thema: Liebes, es ist auch ganz normal, dass du vor einem Date nervös bist und möchtest, dass er dich mag. Wir alle rutschen manchmal in gewisse Rollen, in der Hoffnung, dadurch mehr Aufmerksamkeit zu bekommen. Ist alles menschlich. Wichtig ist nur, dass du nicht denkst, dass du anders sein musst. Du darfst vollkommen ehrlich sein. Auch zu dir selbst. Du darfst rot werden, weil er dich etwas fragt, wobei du dich ertappt fühlst. Du darfst schwitzen und mit Schweißflecken dasitzen, weil du einfach total aufgeregt bist. Und dein Richtiger würde dich niemals, never ever, ablehnen. Der will dich genau so, wie du bist. Selbst, wenn dir ein Schas auskommt. Ein leiser oder ein lauter. Vor oder nach dem Essen. Ganz egal. Ja, wir haben echt lang überlegt, ob wir die Dating-Furzgeschichten in diesem Buch einbauen sollen, und wie du siehst, haben wir uns dafür entschieden. Wir gehen nicht ins Detail, keine Sorge. Wir nennen natürlich auch keine Namen. Aber was wir dir zu 1000 Prozent bestätigen können, ist: EGAL, was passiert. Wenn er der Richtige ist, wirst du es wissen. Der Richtige will dich mit Haut und Haar und Furz. Und im besten Fall furzt ihr dann, sobald ihr euch damit wirklich wohl fühlt, auch in eurer Beziehung gemeinsam im Takt. Jetzt aber zurück zum Thema.

Verletzlich zu sein, bedeutet auch, sich selbst und anderen einzugestehen, dass man nicht vollkommen oder perfekt ist. Sind wir alle nicht (Goddess sei Dank, wer will schon einen Roboter daten). Wir alle haben unsere Schwächen, suchen nach der richtigen Antwort, machen Fehler oder wissen mal nicht weiter. Sich das zu erlauben, macht uns verletzlich. Berührbar. Nahbar. Das macht frei und ist der Schlüssel zur Selbstannahme. Verbind dich mit dir selbst und beginn dir die richtigen Fragen zu stellen, um noch mehr in dieser Verletzlichkeit anzukommen. Statt »Wer muss ich sein, um geliebt zu werden?«, frag dich:

◇ Warum weiß ich, dass ich liebenswert bin, genau so, wie ich bin?
◇ Wodurch zeige ich, wer ich bin?
◇ Wo darf ich mich noch mehr annehmen?
◇ Wie kann ich zulassen, dass ich geliebt werde?

Lass dir bei deinen Antworten Zeit. Sie müssen nicht gleich da sein, sondern dürfen sich langsam entwickeln. Schenk dir Geduld mit dir selbst. Du beginnst gerade damit, deine Masken fallen zu lassen. Das darf genau die Zeit brauchen, die es braucht.

Wie Authentizität wirklich funktioniert

Authentizität ist der Fix-Zam-Partner der Verletzlichkeit und deswegen müssen wir ihr auch unbedingt noch ein paar wertvolle Zeilen widmen. Authentizität bedeutet nichts anderes, als die zu sein, die du wirklich bist. Nicht vorzugeben, jemand zu sein, der du nicht bist, nur um bei anderen gut anzukommen.

Wer hat noch nicht vor einem Date den gut gemeinten Rat zu hören bekommen: »Sei doch einfach du selbst, dann wird das schon.« Aber das ist einfacher gesagt als getan. Warum eigentlich?

Der Hauptgrund ist die Angst, verletzt zu werden oder andere zu verletzen. Schauen wir uns mal genauer an.

Angst, etwas zu verpassen
Schon mal was von FOMO (fear of missing out) gehört? Deine Mädels möchten heute Party machen. Es ist schließlich Samstagabend und Zeit, mal wieder richtig die Hütte anzuzünden. Und nebenbei ein paar sexy Singlemänner abzuchecken. Dein authentisches Ich flüstert dir zu: »Neeein, geh nicht. Auf der Couch mit Schoko und im Flauschipyjama ist es heute viel schöner. Wünsch deinen Mädels viel Spaß und verbringe einen entspannten Abend zu Hause.« Doch dann schaltet sich die Stimme der Angst ein und sagt: »Raus mit dir, Schwester! Du verpasst sonst was. Der sexy Single-Mann klingelt nicht einfach so an deiner Tür. Du hast keine Zeit zu verlieren. Du willst doch nicht ewig allein bleiben, oder?« Und schon ziehst du dich an und schmeißt dich auf die Piste (obwohl du ja eigentlich gar nicht willst).

Angst, andere zu enttäuschen
Du traust dich nicht abzusagen. Die Angst, die anderen zu enttäuschen, ist einfach zu groß. Du möchtest ihnen nicht den Abend versauen. Vielleicht mögen sie dich dann nicht mehr. Dieser Preis wäre zu hoch und in dir sagt es eindringlich: »Anziehen! Gemma! Deine Mädels sind sonst beleidigt.«

Angst, ganz du selbst zu sein
Du triffst dich zum ersten Mal mit einem Mann auf ein Date. Er hat mal in einem Telefonat durchklingen lassen, dass er Frauen in High Heels und Kleidern anziehend findet (finden wir nebenbei erwähnt etwas komisch, davon gleich am Telefon zu erzählen). Was dich vor deinem Kleiderkasten in ein Dilemma versetzt, denn du besitzt nur Jeans, Shirts und Sneakers – damit fühlst du dich einfach am wohlsten. Was nun? Authentisch auftreten und rein in die Sneakers? Oder schnell ein Kleidchen von der besten Freundin ausleihen und die alten High Heels rauskramen?

Genau diese Angststimmen sind das Problem, warum »Sei doch einfach du selbst« so verdammt schwierig sein kann. Es wird nämlich dann schwierig, wenn du dich gegen dich und das, was du möchtest, entscheidest. Wenn du es dir selbst schwierig machst. Conclusio: Es wird leicht, wenn du zu dir stehst (Stichwort: Folge der Freude), weil du dann automatisch auf deine innere Stimme hörst. Wir lieben übrigens die Frage: »Was will ich?« Eine bessere Frage für eine kristallklare, intuitive Antwort gibt es nicht. Wir wenden sie deshalb beide selbst ständig in unserem Leben an und das »Ja, das will ich« hat uns immer zu den wichtigsten, richtigsten Entscheidungen geführt. Absolute Herzensempfehlung von uns für dein neues Königinnen-Alltagstool.

Ganz ehrlich: Wenn du dich heute auf die Couch schmeißen oder beim ersten Date Sneakers tragen willst, dann do it. Folge deinem »Wollen« in dir. Das führt dich zu dem Menschen, der du bist. Üb dich in authentischen, eigenverantwortlichen Entscheidungen. Mach es dir leicht. Die richtigen Menschen in deinem Leben werden dich niemals für dein Du-Selbst-Sein und deine Das-will-ich-Entscheidungen ablehnen. Ganz im Gegenteil! Und genau dann wird das »Sei doch einfach du selbst« plötzlich ganz leicht und macht darüber hinaus auch riesig Spaß. Authentizität macht frei. Sie macht dich frei von all den Dingen, die du denkst, machen oder sagen zu müssen. Du darfst dann einfach sein.

»Liebst du mich eh, oder?« – Schluss mit People Pleasing

Hast du schon mal ein schlechtes Gewissen gehabt, dich für dein Verhalten geschämt oder für dein Wesen entschuldigt, nachdem du …

◇ jemandem widersprochen hast?

◇ zu laut gelacht hast?

◇ Nein gesagt hast?

◇ unhöflich, anstrengend und so richtig nervig gewesen bist?

Dann hat wohl der People Pleaser in dir das Ruder übernommen. Das macht nix, denn heute machen wir sowieso damit Schluss. Wenn du diese Rolle kennst, dann darfst du heute gemeinsam mit uns damit beginnen, sie zu hinterfragen und dich davon zu lösen. Sobald das »brave Mädi« (das manchmal schon fast zu nett ist) keine Macht mehr über dich hat, bist du frei von den Erwartungen anderer. Du nimmst dich an, genau so, wie du bist, und hast definitiv mehr Spaß in deinem (Liebes)Leben. Also schnall dich an, Schwester. Wir entfesseln heute die wild goddess, die endlich von dir gelebt werden möchte.

Wir beide sind leidenschaftliche »Nicht-Putzer«. Haben wir dir davon schon erzählt? Es gibt zahlreiche staubige Geschichten über den Lurch, der in unseren Wohnungen haust. Der sich flauschig über unsere Möbel und Kleidung legt. Ein treuer Mitbewohner. Bitte versteh uns nicht falsch. Wir haben es schon gern schön bei uns zu Hause. Aber es gibt auch Momente, an denen der Lurch in großen Staubwolken durch die Gegend fliegt und uns das einfach schnurzpiepegal ist. So war das aber nicht immer. Vor allem nicht, wenn die Eltern zu Besuch kamen. Dann wurde geputzt wie eine Eins.

Warum wir dir das erzählen? Weil das viel mit People Pleasing zu tun hat. Und weil wir diese Rolle abgelegt haben. Wir möchten uns nicht mehr einschränken und unser eigenes Wohlsein selbst definieren. Und seitdem begleitet uns ein weiser Spruch: Es lebe der Lurch! Was nichts anderes bedeutet als: »Scheiß darauf, was die anderen denken!« Wenn dir jetzt durch den Kopf geht »Sorry, Mädels. Aber das mit dem Lurch, dem Dreck, dem Staub. Da bin ich raus. Ich möcht es sauber und glänzend. Und keine schlechte Nachrede haben oder mich genieren müssen«, dann würden wir stattdessen gern von dir wissen: Wie sieht es denn mit dem »Faulsein« aus oder mit »Ich dusch mich jetzt mal für mindestens eine Woche nicht«? Staubig, faul und stinkig – willkommen in unserem authentischen LoveSisters-Leben. Während sich zahlreiche Influencer da draußen abstrampeln mit den perfekten »Daily Routines«, haben wir uns für eine andere Richtung entschieden: authentisch zu sein. Es geht darum, das zu machen, was sich für uns richtig anfühlt.

Frag dich mal, wie viel du in deinem Leben machst, weil:

◇ andere es von dir erwarten
◇ du dich anpassen willst
◇ du dazugehören willst
◇ du nach Komplimenten suchst
◇ du geliebt und gesehen werden möchtest

All das sind Anteile des People Pleasers.

Okay, noch mal ganz kurz zurück: Wir beide duschen uns schon (manchmal *lach*). Freilich. Putzen, wie gesagt, auch (hin und wieder). Oder wir richten uns mal richtig elegant her (sodass wir uns gegenseitig oft gar nicht mehr wiedererkennen). Aber, und darum geht's: Das machen wir nur für uns selbst und nur dann, wenn wir wollen. Und nicht weil wir glauben, dass wir das tun sollten, damit wir wertvoll sind.

Wichtig: Geliebt, gemocht, anerkannt und akzeptiert zu werden, sind ganz normale menschliche Bedürfnisse. Jeder von uns freut sich über Komplimente. Sehnt sich nach Anerkennung. All das gibt uns ein Gefühl der Zugehörigkeit und Sicherheit. Die Frage ist nur, wann die People-Pleaser-Rolle in dir überwiegt, und du versuchst, durch dieses angepasste Verhalten Liebe zu bekommen.

Viele Frauen verbringen eine Menge Zeit damit, herauszufinden, wie man nett zu Menschen sein kann, die sie nicht gut behandeln. Ja, richtig gelesen: Nett zu Menschen, die einen nicht gut behandeln. Ganz besonders, wenn wir Ablehnung verspüren, regt das in uns oft unbewusst den Impuls an, uns noch mehr anstrengen und bemühen zu müssen. Unser Überlebenstraining als braves Mädchen hat uns beigebracht, dies zu tun, um Beziehungen zu fast jedem Preis zu erhalten, Konflikten aus dem Weg zu gehen und das »Beziehungs-System« stabil zu halten.

Doch die Wahrheit ist: Du schuldest niemandem Nettigkeit. Besonders nicht Leuten, die nicht gut zu dir sind. Diejenigen, die ein Problem mit dir haben, dürfen sich ihr Problem gern behalten und du brauchst niemanden, der dich nicht will. Punkt.

Es geht nicht darum, wie andere dich finden, sondern dass du dich findest

Die Bedürfnisse anderer Menschen sind nicht wichtiger als deine eigenen. Das vergessen wir viel zu oft. Es ist auch nicht deine Aufgabe, Menschen mitzuziehen, die sich selbst aufgegeben haben und sich weigern, zu wachsen und sich weiterzuentwickeln.

Das kostet enorm Kraft. Du musst dich nicht aufopfern, um schwierige Situationen zu einem Scheinfrieden zu führen. Du musst dich nicht entschuldigen für Dinge, die du nicht gemacht hast. Das bringt auf Dauer gar nichts, außer dass du dich selbst verlierst oder im schlimmsten Fall sogar krank wirst.

Die Sehnsucht, jemandem gefallen zu wollen, ja fast schon zu müssen, hindert dich daran, frei zu leben und zu lieben. Eine der größten Blockaden auf der Partnersuche. Der Richtige kann dich dadurch nicht erkennen, erinnerst du dich?

Warum spielst du die Rolle des People Pleasers? Wovor schützt dich diese Rolle?

Vielleicht hast du zum Beispiel Sorge, dich bei anderen unbeliebt zu machen, wenn du ehrlich deine Meinung sagst. Oder dich blockieren Ängste, wie:

◇ Wenn ich eine Grenze setz, werd ich vielleicht ausgestoßen oder abgelehnt. Ich könnt mich allein und einsam fühlen.

◇ Wenn ich mich nicht anpass, werd ich niemals den richtigen Partner finden. Er könnt erkennen, wie ich wirklich bin, und mich deswegen nicht wollen. Er könnt eine Bessere finden, die mehr zu bieten hat und schöner/klüger/unkomplizierter ist als ich.

Und ja, bei manchen Menschen kannst du damit tatsächlich auch etwas auslösen, wenn du ganz zu dir stehst und deine Wahrheit sprichst. Und zwar bei denen, die lang genug von deiner nicht-gesetzten Grenze oder deiner Unterwürfigkeit profitiert haben. Und diejenigen, denen es nicht passt, wie du wirklich bist, dürfen von Herzen gern gehen. Die müssen kein Teil deines Lebens sein. Pfiati, baba! Sie dürfen gern weiterziehen!

Was bedeutet dieses »brave Mädi« im Dating-Kontext?

Durch die Rolle des People Pleasers wirst du immer wieder Männer anziehen, die ...

◇ dich klein halten und sich über dich drüber stellen

◇ sich nicht authentisch zeigen und eine Rolle spielen

◇ dir dein geringes Selbstwertgefühl widerspiegeln

◇ dich ausnutzen

◇ dich schlecht behandeln

Du wünschst dir doch einen Mann, der sich dir gegenüber echt und verletzlich zeigt, oder? Dann darfst du ab sofort dir selbst gegenüber genau damit anfangen. Wenn du deine Angst vor Ablehnung überwinden möchtest, dann musst du bei der Meinung beginnen, die du von dir selbst hast. Je mehr du selbst davon überzeugt bist, dass deine Ecken und Kanten nichts an deinem Wert als Mensch ändern, desto weniger berührt es dich, was andere über dich denken. Du bist liebenswert und musst dafür nicht perfekt sein. Ganz im Gegenteil, deine »Fehler und Mängel« machen dich erst so richtig aus – und menschlich. Das zu wissen, verändert auch die Qualität deiner Dates enorm:

◇ Du suchst den Fehler nicht bei dir, wenn es zwischen euch nicht passt (oder er sich nicht mehr meldet).

◇ Du sagst nicht mehr zu allem »Ja und Amen« und stehst zu deinen Standards.

◇ Du machst nicht bei Dingen mit, die du nicht tun willst (zum Beispiel One-Night-Stands oder eine Affären-Frau zu sein) und kommunizierst deine Grenzen.

◇ Du bist wertvoll, genau so, wie du bist. Wenn du ganz zu dir stehst, lebst du deine magnetische Anziehungskraft. Dann hast du es nicht nötig, gemocht zu werden, sondern bist bereit, geliebt zu werden. Gesetz der Anziehung, Baby. Funktioniert wirklich.

»Nett sein« vs. »Being a good girl«

Es gibt einen Unterschied zwischen den Dingen, die man tut, weil man grundlegend einfach ein netter Mensch ist, und den Dingen, die man tut, weil man es allen recht machen will. Manchmal möchten wir anderen Menschen einfach helfen oder uns für einen Gefallen revanchieren. Das ist menschlich, schön und ganz normal. Wenn du jedoch etwas tust, weil du Angst hast, dass du nicht gemocht oder abgelehnt wirst, dann läuft hier ein Muster.

Ganz wichtig: Wenn du die Rolle des People Pleasers ablegst, heißt das nicht, dass du ab sofort zum superunfreundlichen Arschloch mutierst oder von deiner Herzlichkeit verlierst. Es heißt einfach, dass du zeigst, wer du bist, und zu deiner Wahrheit stehst. Das befreit dich und du ziehst die Menschen in dein Leben, bei denen du sein kannst, wie du bist: echt, klein, groß, dick, dünn, haarig, buschig, aalglatt, witzig, ruhig, launisch, emotional, laut, leise … Alles scheißegal. Alles ur-leiwand. Denn du bist einfach du.

Meine Erkenntnis aus diesem Kapitel

Spür für dich noch mal ganz bewusst in folgende Reflexionsfragen rein und beantworte sie am besten schriftlich:

◇ Was lasse ich los?
◇ Was nehme ich mir mit?
◇ Was setze ich um?

Und jetzt notier dir deine Erkenntnis. Was auch immer sich bei dir zeigt, es ist genau richtig. Das kann ein Wort, ein Satz oder ein Symbol sein.

....

....

....

....

....

....

....

....

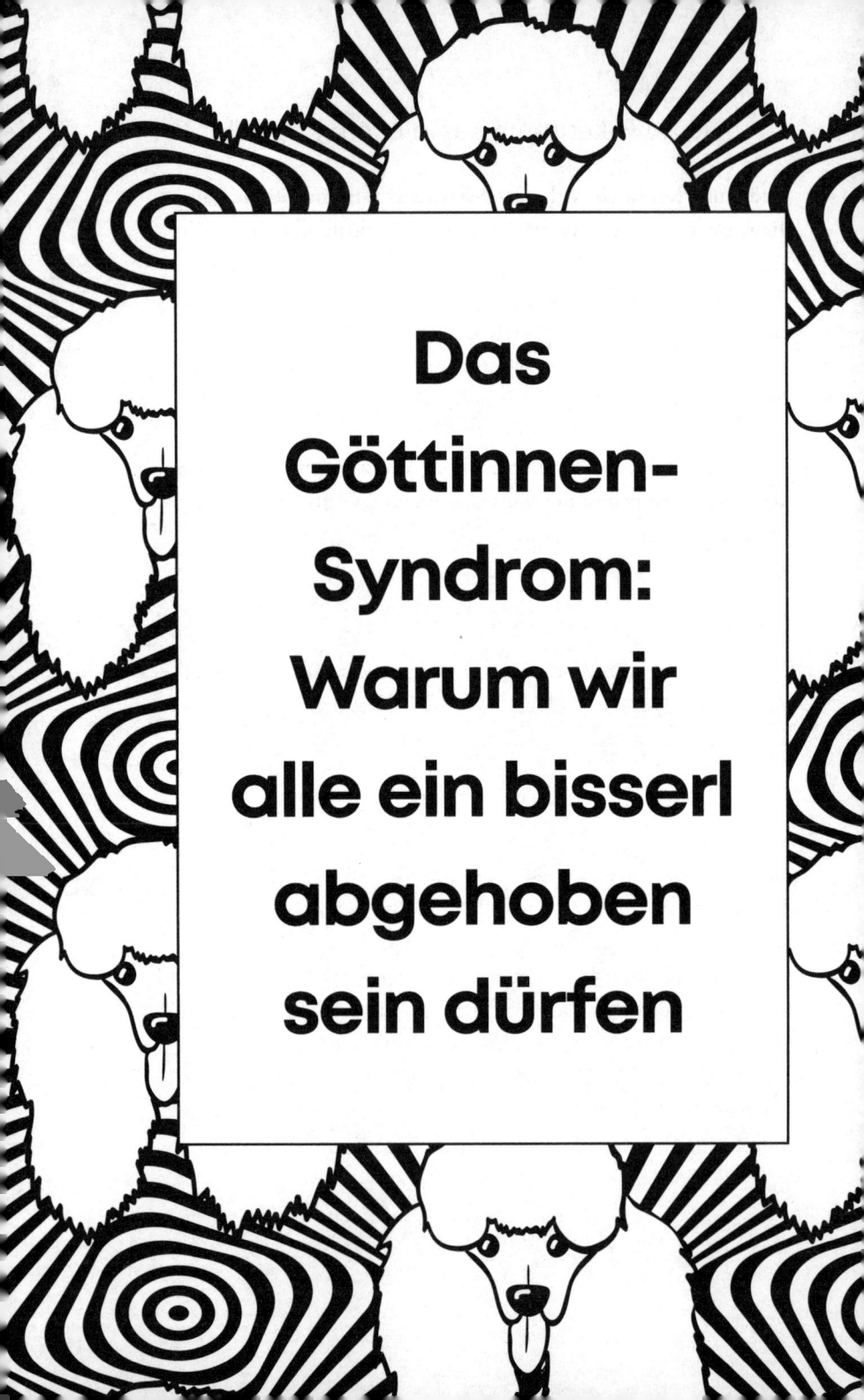

Das Göttinnen-Syndrom: Warum wir alle ein bisserl abgehoben sein dürfen

Die ganze Welt dreht sich um dich, denn du bist ein (nein, kein) Egoist, sondern eine Göttin. Ein bisserl abgehoben sein, kann nicht schaden. Da können wir uns von Falco viel mitnehmen. Als einer der größten Popstars Österreichs rühmte er sich stets mit Arroganz und Überheblichkeit. Eine Prise Falco und dich haut so schnell nichts um. Keine Sorge, wir werden jetzt nicht arrogant oder arschig. Wir wollen dich nur ein wenig dazu ermutigen, dich zu trauen, auch mal in eine selbstbewusste Energie hineinzuspüren und deinen Selbstwert zu pushen. Und vor allem voll und ganz zu dir zu stehen (egal, was andere denken). Du bist eine Göttin, verdammt! Ganz klare Sache. Blas dich auf, heb mal so richtig ab. Lass mal alles raus. Sei du. Und das meinen wir auf keinen Fall auf eine überhebliche Weise, sondern auf eine ganz bodenständige.

In diesem Kapitel fühlen wir uns konkret in die »Göttinnen-Energie« ein und darin, wie du sie in dein Leben integrieren kannst.

Du meinst, eine Göttin muss immer stark sein, gut drauf, sexy, magisch oder spirituell? Nein, nein, ganz im Gegenteil. Es gibt nur eine Sache, die es wirklich braucht, um eine Göttin zu sein: dich. Dich und all deine Anteile, die dich ausmachen. Je mehr du zu dir stehst und alles auslebst, was dich ausmacht, desto mehr wird die Göttin in dir aktiviert.

Eins können wir dir jetzt schon versprechen: Die folgenden Seiten sind sicher anders, als du es dir vorstellst. Aber wie du weißt, lieben wir es ja, dich zu überraschen und ein bisserl aufzurütteln. Lass dich voll darauf ein. Die Göttin in dir will schließlich auch vollkommen gelebt werden. Lassen wir sie also frei. Come and rock me, goddess. Äh, Amadeus.

Wer denkst du eigentlich, wer du bist? Na, eine Göttin!

♡ ♥ ♡ ♥ ♡ ♥ ♡ ♥ ♡ ♥ ♡ ♥ ♡ ♥ ♡ ♥ ♡ ♥ ♡ ♥ ♡ ♥ ♡ ♥ ♡ ♥ ♡ ♥ ♡ ♥

Wir haben sehr lang überlegt, wie wir dich, schönste Frau, in diesem Buch ansprechen sollen. Königin? Göttin? Sexyhexi? Wir waren uns nicht sicher. Müssen wir uns überhaupt entscheiden? Sind wir Frauen nicht sowieso alle alles? Eine unfassbar heiße Königinnen-Göttin, die sich ab und an auch einfach als Aschenputtel fühlen darf?

Hm. Also wenn du uns fragst, sind wir alle ein guter Mix aus allem. Wie auf einem bunt gemischten 80er-Jahre-Mixtape, das unser Herzerl berührt und sämtliche Emotionen weckt. Deswegen haben wir uns entschieden, in unserem Buch genau die Bezeichnung zu verwenden, die wir gerade fühlen. Denn das Wichtigste ist die Botschaft, die dahintersteckt: Sprechen wir dich als Göttin, Königin oder High-Value-Frau an, möchten wir dich an deinen hohen Wert erinnern. Göttin, Königin oder High-Value-Frau umfasst in Wirklichkeit all das, was dich ausmacht. Eigentlich ist es für uns ein Überbegriff für dein Frau-Sein. Es ist eine Einstellung. Eine Energie. Eine Grundhaltung. Deine weibliche Superpower, Baby. Und ganz egal, wie du dich heute fühlst (mehr Göttin, mehr Königin, mehr Aschenputtel, alles oder nichts), vergiss niemals das, was immer zählt: dass du wertvoll bist.

Du bist wertvoll. So, so wertvoll. Du bist wertvoll, einfach nur weil du bist, wie du bist. Das ist so sicher wie die Luft zum Atmen. Wie das Salz in der Suppe. Wie dein riesengroßes Herz. Wie deine Einzigartigkeit. Und so sicher wie dein Richtiger, der dich finden wird.

Der Selbstwert ist das A und O und die Spitze deines Göttinnen-Zauberstabs. Halten wir unseren Selbstwert hoch und unsere Krone glänzend, dann wissen wir ganz tief drinnen, dass wir all das Liebesglück dieser Welt verdienen. Da gibt's dann kein Gschisti-Gschasti mehr. In keinem deiner Lebensbereiche.

Du bist nicht hier, um dich selbst klein zu halten oder dein Herz, deine Seele, deinen Körper in enge Formen zu pressen. Du bist hier, um ein geiles Leben zu leben.

Ja, du verdienst das große Ganze. Ja, du kannst alles haben. Wert-voller Job. Wert-volle Freunde. Wert-volles Beziehungsleben. Wert-voller Mann.

Ja, auch einen Mann, der nicht nur für dich wertvoll und wichtig ist, sondern der dich wertvoll, liebevoll, gefühlvoll behandelt. Voller Liebe. Beständigkeit. Ernsthaftigkeit. Leichtigkeit. Leidenschaft (nicht so halb wie Hercules, sondern so richtig wie ein heißer Zeus). Ein Mann, der dich behandelt, wie eine Göttin es verdient. Wenn du weißt, dass du auch in der Liebe das Wertvollste verdienst – und nicht nur Ausreden, Ghoster oder kleine Bröserl – wirst du schnell feststellen, dass Männer, die dich nicht wertschätzen, keinen Platz in deinem Leben haben. Man könnte auch sagen, dein Selbstwert ist wie ein Türsteher (ja, so ein richtig aufgeblasener), der nur die guten Männer reinlässt.

Was du in deinem Leben anziehst, ist eine direkte Reflexion deines Selbstwerts

Dein Liebesleben ist ein Spiegel. Was du erlebst, ist das, was du unbewusst glaubst zu verdienen. Falls du dich also noch mit Männern triffst, die sich auf einmal nicht mehr melden, sich generell nicht anstrengen oder dich nicht gut behandeln, gib nicht den Männern die Schuld. Schau in dein Inneres, um herauszufinden, welcher Teil von dir diese Männer immer noch in dein Leben lässt.

Jaaaa, verdammt. Das ist so anstrengend und muss so wirklich nicht sein. Immer so komische Männer. Immer wieder Ablehnung. Immer dieses Gefühl, nie so ganz glücklich zu sein – mit Beziehungen, dem eigenen Körper, dem eigenen Leben, mit dir selbst. Das ist furchtbar ermüdend und frustrierend.

Wenn du andere Frauen siehst, kannst du ihre Schönheit sehen – nur deine eigene nicht. Und dann beginnst du dich wieder und wieder zu vergleichen und selbst abzuwerten. Ja, das zehrt, alter Schwede. Dieser ewige Kampf gegen dich selbst. Brutal. Du denkst dauernd über dein Gewicht, übers Essen, über deine Liebenswürdigkeit nach und in Wahrheit wartet das Leben nur darauf, endlich in vollen Zügen von dir genossen zu werden. So viele Frauen haben ihr Leben zu einem Kampf gemacht. Jedoch hat kämpfen nichts mit High-Value-Power, einer Göttin oder einer Königin zu tun.

Wenn du kämpfst (egal, ob für etwas oder gegen etwas), kämpfst du einzig und allein gegen dich selbst.
Dann bist du nicht in deiner Mitte,
nicht in deiner Kraft, nicht in deiner Energie.

Wir sagen hier und jetzt: Schluss mit diesem Kampfmodus! Over and out. Schluss damit, dass du noch Dinge in deinem Leben duldest, die dich so viel Energie kosten. Schluss mit kleinmachen und deine Wahrheit runterschlucken und daran fast zu ersticken. So viele Frauen leiden genau deshalb unter Schilddrüsenproblemen, dauernden Halsentzündungen, Kopfschmerzen, Sodbrennen, Zähneknirschen, Nackenverspannungen – um nur ein paar Symptome zu nennen, die psychosomatisch durchs »Runterschlucken« entstehen.

Es ist an der Zeit, dich nicht mehr zu verlieren und zu verleugnen, sondern klare Grenzen zu setzen und für dich selbst, deine Bedürfnisse, deine Standards und deine Wünsche einzutreten. Damit erschaffst du die Göttin in dir und die Energie, die dahintersteckt. Die Göttin entsteht durch jede einzelne deiner Entscheidungen und wird durch deine innere Arbeit zum Leben erweckt.

Und um dir gleich vorweg eine riesige Portion Druck zu nehmen: Eine Göttin muss nicht schon alles können oder kapiert haben. Manchmal steht eine Göttin auch einfach da und hat absolut keinen Plan, was sie machen soll. Sie macht Fehler. Lernt daraus. Haut sich bergeweise Schokolade in den Wanst, obwohl der Sommer wartet. Wäscht sich tagelang nicht die Haare, weil sie einfach keine Lust hat. Sie flucht. Lässt ihren Emotionen freien Lauf. Ist frech. Kess. Manchmal hat sie echt ein riesen-bombastisches High Value. Manchmal einfach einen beschissenen Tag.

Eine Göttin ist nicht innerlich vollkommen aufgeräumt. Sie hat genauso ihre Probleme und findet sich selbst mal mehr, mal weniger hot. Jedoch nimmt sie sich genau damit an. Und das ist der Schlüssel, der über allem steht: Selbstannahme.

When life gives you goddess-lemons, make goddess-lemonade.

Eine Göttin macht sich immer wieder bewusst, wo sie noch heilen darf, und übt dies liebevoll. Sie weiß, dass das Leben ein stetiger Prozess ist und sie muss nicht schon irgendwo sein.

Es geht um Klarheit, um Standards, um feminine Anziehungskraft, um diese Ausstrahlung. Und definitiv nicht ums Aussehen, Prestige, Perfektionismus oder »höher, besser, weiter«. Es geht um dich und die Erlaubnis, die Göttin in dir zu leben.

Wir versprechen dir, du wirst am Ende dieses Buches nicht nur wissen, wie du deinen Richtigen anziehst, sondern auch die Göttin in dir spüren.

Du musst nicht erst zu einer Göttin werden,
du bist bereits eine Göttin.

Lass es raus!

Bevor wir uns jetzt gemeinsam mit der Göttin in dir verbinden (spürst du die Gänsehaut auch so sehr wie wir?), frag dich mal ganz bewusst: Was brauche ich, um die Göttin in mir voll und ganz zum Leben zu erwecken?
Schreib alles runter! Lass alles raus!
Und jetzt zum Abschluss leg deine Hände auf dein Herz und sprich uns nach, schönste Frau:
»Ich bin wertvoll, wenn ich mich gut fühle.«
»Und ich bin wertvoll, wenn ich mich schlecht fühle.«
»Ich bin wertvoll, wenn ich aufgehübscht bin.«
»Und ich bin wertvoll, wenn ich ungeschminkt und gammelig bin.«
»Ich bin wertvoll, wenn ich meinen Körper in ein sexy Kleidchen packe.«
»Und ich bin wertvoll, wenn ich nackt (oder im ausgeleierten Pyjama) bin«.
»Ich bin wertvoll mit all meinen schönen Seiten.«
»Und ich bin wertvoll mit all meinen schrulligen Seiten, Narben, Flecken, Kurven und Unvollkommenheiten, die eigentlich keine sind.«
»Ich bin wertvoll, wenn meine Energie hoch ist und ich fröhlich, lustig und gut drauf bin.«
»Und ich bin wertvoll, wenn ich traurig bin, ich mich schlecht fühle und mich einfach nur verstecken möchte.«
»Ich bin wertvoll, wenn du mich willst, wenn du mich magst, wenn du mich anziehend findest.«
»Und ich bin wertvoll, wenn das nicht so ist.«
»Mein Selbstwert ist nicht etwas, das verdient werden muss.«
»Mein Selbstwert hängt auch nicht von meinem Beziehungsstatus ab.«
You are worthy, goddess-queen.

Eine Göttin hat keine hohen Ansprüche, sie weiß, was sie will, und kennt ihre Standards

♡ ♥ ♡ ♥ ♡ ♥ ♡ ♥ ♡ ♥ ♡ ♥ ♡ ♥ ♡ ♥ ♡ ♥ ♡ ♥ ♡ ♥ ♡ ♥ ♡ ♥ ♡ ♥

Tobias sah aus wie der junge George Clooney. Sarah hatte ihn im Flugzeug von Wien nach Madrid kennengelernt. Er half ihr gentlemanlike beim Verstauen ihres Handgepäcks. »Puh, ganz schön heiß, diese Muckis«, dachte Sarah beim Anblick des sexy Mannes und ihre Eierstöcke tanzten direkt eine Runde Lambada. Wie es das Schicksal so wollte, saßen sie natürlich nebeneinander. Den ganzen Flug über plauderten sie über Gott und die Welt und es knisterte wie Pop Rocks mit Erdbeergeschmack zwischen den beiden. Tobias war nicht nur unfassbar attraktiv, sondern auch sehr charmant. Er schenkte ihr neben Blicken, die ihr durch und durch gingen, auch ein süßes Kompliment nach dem anderen. In Madrid gelandet, tauschten sie Telefonnummern aus. Tobias versprach, sich ganz bald zu melden, um sich gemeinsam das Museo del Prado anzusehen und Paella zu essen. Schon am nächsten Tag rief er an und lud sie ... zu sich ins Hotel ein.

Sarah, die sich nichts sehnlicher als eine feste Liebesbeziehung wünschte, hatte direkt ein komisches Gefühl im Bauch. Sie schob das Gefühl beiseite und dachte: »Jetzt stell dich nicht so an. Das ist so ein toller Mann und eine höhere Macht hat uns zusammengeführt. Er hat ganz bestimmt ernste Absichten.« Kurz darauf stieg sie ins Taxi und fuhr zu ihm. Mr. Clooney Jr. öffnete die Hoteltür, zog sie herein und küsste sie (mit Zunge, versteht sich): »Du hast mir vollkommen den Kopf verdreht. Ich kann nur noch an dich denken.« Und schon schmolz Sarah dahin (und mit ihr all ihre Hemmungen). Sie schlief mit ihm. Es war wunderschön. Und um sie geschehen. Sarah hätte noch gern ein bisserl gekuschelt und seine Nähe genossen, doch er musste direkt los: »Ich habe heute noch einen geschäftlichen Termin in Madrid und dann geht mein Flug zurück nach Wien. Mach dir noch schöne Tage, Babe, und wir sehen uns, wenn du wieder im Lande bist.« Tobias küsste sie noch mal leidenschaftlich und Sarah verließ, vollkommen verliebt, sein Hotel. Sie war sich sicher, er empfand genauso für sie. Hat er ihr doch (beim Bumsen) seine Liebe gestanden.

Als Sarah eine Woche später wieder nach Hause flog, war sie – gelinde gesagt – immer noch sehr interessiert an diesem Mann. Obwohl er sich seit der gemeinsamen Nacht kein einziges Mal gemeldet hatte. »Ach, er hat bestimmt viel zu tun«, entschuldigte sie ihn vor sich selbst. Und nahm die Sache selbst in die Hand und schrieb ihm eine sexy Nachricht. *ping* Seine Antwort folgte sofort: »Hey, Süße! Ich hab dich vermisst. Komm heut Abend bei mir vorbei und wir gönnen uns ein schönes Schaumbad.« Sarahs Herzerl machte vor Glück einen dreifachen Rittberger. Natürlich fuhr sie zu ihm (mit einer Flasche Prosecco im Gepäck und sexy Dessous am Körper, um ihm eine Freude zu machen).

Wir spulen jetzt mal fast forward. Tobias war hot, spontan und ... unzuverlässig. Das Gspusi mit den beiden lief mehrere Monate. Sarah wusste nie, woran sie bei ihm war und ob er ihr zurückschreiben oder vorbeikommen würde, wenn er sagte, dass er es tun würde. An einem Tag (meistens, wenn er Sex mit ihr in Aussicht hatte) verhielt er sich total lieb und interessiert an ihr, am nächsten Tag war er wieder komplett distanziert. Sarah litt wie ein Hund. Am allermeisten darunter, dass sie bei all dem mitmachte, obwohl er ihr immer wieder offen sagte, dass er nur Spaß und was Lockeres wollte. Sie unterdrückte ihre wahren Gefühle und hoffte insgeheim, dass er sich doch noch Hals über Kopf in sie verlieben würde. Sie hatte sich längst selbst verloren und ihre Standards verleugnet. Sie wünschte sich doch nichts mehr als eine ernsthafte Liebesbeziehung, warum nur fiel sie auf einen Mann wie Tobias rein? Warum ließ sie all das mit sich machen? Warum traf sie Entscheidungen, die ihre Sehnsucht nach einer langfristigen Partnerschaft boykottierten?

Wäre sich Sarah über folgende drei Punkte bewusst gewesen, wäre sie nicht in diese Beziehungssituation hineingeschlittert. Erstens: Welche Göttin sie ist. Zweitens: Was sie in der Liebe wirklich will. Drittens: Was ihre Standards sind.

Und so hätte sie auch frühzeitig all die knallrot blinkenden Fahnen gesehen:

◇ Red Flag 1: Beim ersten Date ins Hotelzimmer eingeladen zu werden (viel zu früh, viel zu intim).

◇ Red Flag 2: Beim zweiten Date auf ein Schaumbad eingeladen zu werden (come on).

◇ Red Flag 3: Er meldet sich nicht von selbst, sondern reagiert erst auf sexy Nachrichten (sein Penis hat mehr Interesse als sein Herz).

Was für eine Beziehung willst du führen?

Vielleicht geht es dir ähnlich wie Sarah und es fällt dir schwer, Red Flags zu erkennen und Entscheidungen zu treffen, die dich in deinem Liebesleben wirklich weiterbringen. Entscheidungen, die dir dienlich sind und mit deiner Beziehungsvision übereinstimmen? Wir verraten dir, woran das liegen könnte: Weil dir schlicht und einfach Klarheit fehlt. Klarheit darüber, was du wirklich (wirklich!) willst. Klarheit über deine Bedürfnisse und Sehnsüchte. Klarheit darüber, was du bereit bist, in einer Beziehung zu akzeptieren (oder nicht zu akzeptieren). Ohne Klarheit bleibst du in unerfüllten »Beziehungen« stecken, anstatt Platz für deinen Richtigen zu machen.

Du hast jetzt zwei Möglichkeiten: Entweder du machst so weiter wie bisher und wirst schlimmstenfalls zu einem frustrierten Armutschkerl oder du erforschst die Tiefen deiner Seele (okay, das klingt jetzt doch ein bisserl esoterisch) und entwickelst konkrete Standards für dich. Es ist deine Entscheidung (du weißt, wie sehr wir auf bewusste Entscheidungen stehen).

Klarheits-Übung

Schenk dir Zeit in ungestörter Stille. Schaff dir eine heilsame Atmosphäre der Liebe – vielleicht mit Kerzen, Musik oder Duft. Nimm dir Stift und Zettel zur Hand und beantworte folgende Fragen. Gib dir dafür bitte alle Zeit der Welt und lass die Liste über die nächsten Tage wachsen. Ready, goddess? Let's go deep:

- ◇ *Wie sieht für mich eine erfolgreiche Kennenlernphase aus?*
- ◇ *Wie möchte ich erobert werden?*
- ◇ *Wo liegen meine Grenzen?*
- ◇ *Wie stell ich mir eine erfüllende Beziehung vor?*
- ◇ *Welche Liebesziele hab ich?*
- ◇ *Welche Partnerin möcht ich sein?*
- ◇ *Was möcht ich in eine Beziehung reingeben?*
- ◇ *Was macht mich glücklich?*
- ◇ *Wodurch fühl ich mich geliebt?*
- ◇ *Wie viel von meinem Beziehungswunsch kann ich bereits jetzt leben?*

Wenn du die Fragen ausgearbeitet hast, findest du in deiner Liste nun viele Erwartungen – und ein paar wenige Standards. Genau die filtern wir im nächsten Schritt heraus.

Schau dir deine Liste dazu ganz (ganz!) genau an, lies Punkt für Punkt durch. Spür gut hin, was davon für dich so wichtig ist, dass es nicht verhandelbar ist und du nicht darauf verzichten kannst. Markier diese (maximal 5–10) Punkte bunt. Genau das sind deine Standards (alles andere sind Erwartungen – aber dazu gleich mehr). Hier ein paar Beispiele:

◇ *Der Mann, mit dem ich ausgehe, ist frei und bereit für eine Beziehung.*

◇ *Ich fühle mich respektvoll behandelt.*

◇ *Er verfolgt die gleichen Ziele in der Beziehung wie ich (zum Beispiel Kinderwunsch, Heirat).*

◇ *Kein Sex beim ersten Date (auch keine Schaumbäder oder Treffen in Hotelzimmern).*

◇ *Keine WhatsApp-Brieffreundschaft.*

◇ *Er ist aufmerksam und an mir interessiert.*

◇ *Er bleibt DRAN und ich spür sein Interesse an mir.*

◇ *Seine Worte stimmen mit seinen Taten überein.*

◇ *Ich möcht beim ersten Date abgeholt, ausgeführt, eingeladen und wieder vor (!) meine Wohnungstüre gebracht werden.*

Eine Standard-Liste ist kein Wunschzettel

Es ist immens wichtig zu wissen, dass zwischen Standards und Erwartungen Welten liegen. Wenn du in einer Erwartungshaltung bist, begibst du dich in eine (unangenehme) Warteposition. Du (er)wartest, was ein anderer tun oder wie er sein sollte. Du wünschst dir, dass er sich nach deinen Vorstellungen verhält. Deine Standards dagegen sind dein persönlicher Qualitätsmaßstab, der dir als Grundlage für gesunde Entscheidungen dient. Standards betreffen dich selbst, während sich Erwartungen auf andere beziehen.

Ein weiterer essenzieller Unterschied ist, dass bei der Nichterfüllung von Erwartungen die Beziehung nicht automatisch zum Scheitern verurteilt ist. Jedoch wird bei der Nichteinhaltung grundlegender Standards die Beziehung letztlich untergraben. Man könnte auch sagen: **Erwartungen sind »good to have«. Standards sind ein »must have«.**

Wenn deine Standards nicht eingehalten werden, hast du die Macht, etwas dagegen zu tun. Wenn Erwartungen nicht erfüllt werden, liegt diese Macht in den Händen eines anderen. Im Klartext: Erwartungen sind Vorstellungen, die sich erfüllen können oder auch nicht. Standards sind konkrete Bedingungen, nach denen du lebst. Wenn du einen Partner willst, der groß und muskulös ist und dich dreimal die Woche romantisch ausführt, dann ist das eine Erwartung. Es ist eine Wunschvorstellung, die der andere erfüllen soll. Achtung! Genau diese Erwartungen können sehr leicht enttäuscht werden.

Im Gegenzug sind deine Standards deine kristallklare Ausrichtung. Werden sie nicht erfüllt, kannst du für dich deine Konsequenzen daraus ziehen. Wenn es beispielsweise dein Standard ist, dass du keine Frau für eine Nacht bist, dann lässt du dich auch auf keine Netflix- and Chill-Dates ein (wir erinnern an Sarah, die sich genau darin verloren hat). Wenn es dein Standard ist, dass der Mann, mit dem du datest, frei sein soll, dann lässt du dich auf niemanden ein, der bereits in einer Beziehung ist.

Vielleicht fragst du dich jetzt: »Ja, aber wie bring ich denn einen Mann dazu, meine Standards einzuhalten?« Gar nicht! Es geht nämlich nicht darum, jemanden dazu zu bewegen, das zu tun, was du willst. Es geht darum, dass du weißt, was du willst und dass DU deine Standards hältst. Du kannst zum Beispiel als Standard für dich festlegen, dass dich kein Mann mit kleinen Bröserln und sporadischen »Hi! Wie geht's?«-Nachrichten warmhalten darf, sondern du volles Commitment von ihm erwartest.

Du kannst zwar nicht kontrollieren, wie und wann dir ein Mann textet. Was du jedoch kontrollieren kannst, ist, wie du darauf reagierst. Ob du seine Nachricht ignorierst, ob du ein Treffen einforderst oder ob du ihn blockierst, all das liegt in deiner Hand. So hältst du deinen Standard und stehst zu dir (Bääm, Queen!). Genau dann wird es plötzlich leicht. Dann bist du in deiner Schöpferkraft. Dann erschaffst du selbst dein Liebesleben.

Übrigens: Männer lieben Frauen mit klaren Standards. Sie sind heilfroh darüber, wenn sie nicht im Dunkeln tappen und alles erraten müssen (nein, sie können unsere Wünsche nicht von unseren Augen ablesen – auch der liebendste Partner kann das nicht). Männer sind da ganz einfach gestrickt und wenn wir ihnen sagen und mit unseren Handlungen zeigen, was uns wichtig ist, werden sie alles daransetzen, um uns glücklich zu machen (vor allem der Mann, der mit uns zusammen sein möchte).

Die Kommunikation wächst mit der Beziehung

Wir erleben oft, dass Frauen sich ein bisserl verlaufen, wenn es darum geht, ihre Standards zu kommunizieren und gleich am Anfang einer frisch-keimenden Beziehung zu viel Druck aufbauen und dadurch nicht in ihrer weiblichen Energie sind. Die Intensität deiner Kommunikation steht in Relation zu dem Beziehungsverhältnis, das du mit dem Mann teilst. Wenn ihr noch im Kennenlernprozess seid, vielleicht erst ein paar Dates hattet oder gerade dabei seid herauszufinden, wie gut ihr zueinander passt, macht es keinen Sinn, jeden Standard kommunikativ raufund runterzuwälzen (wie eine Checkliste zum Abhaken). Es geht rein darum, dass du ihn wissen lässt, wer du bist und dass wesentliche Bedürfnisse geklärt werden. Und darum, zu beobachten, wie gut dieser Mensch zu dir passt und wie weit sich gemeinsame Vorstellungen ganz natürlich (!) überschneiden. Deine Standards lebst du, anstatt ihm deine Standard-Liste vorzupredigen.

Heute mache ich erst mal nichts – die Göttinnendisziplin

♡ ♥ ♡ ♥ ♡ ♥ ♡ ♥ ♡ ♥ ♡ ♥ ♡ ♥ ♡ ♥ ♡ ♥ ♡ ♥ ♡ ♥ ♡ ♥ ♡ ♥ ♡ ♥ ♡ ♥

»Hi! Mein Name ist xy, ich bin xyz Jahre alt, bin sehr faul, schwach, enorm langsam und tue von Herzen gern nichts.« So in etwa könnte dein Tinderprofil am Ende dieses Kapitels lauten (wenn du nach diesem Buch überhaupt noch eins brauchst). Du denkst, dass das sicher keinen Mann davon überzeugt, dir ein Superlike zu schenken? Wir schon! Denn dieser faule, langsame Zustand des Nichtstuns gehört zu den Göttinneneigenschaften schlechthin und genau diese führt dich in deine weibliche Kraft. Zurück zu dir.

Nichtstun ist unser persönliches Erfolgsrezept, denn genau in diesen Momenten, an denen wir alles fallen gelassen und uns diesem Nichts hingegeben haben, hat uns das Universum die allergrößte Fülle geschenkt. Uns haben Antworten erreicht, nach denen wir lang suchten. Zeichen, die uns bei einer wichtigen Entscheidung weiterbrachten.

Im Nichts zeigt sich einfach so viel und du kannst viel besser erkennen, was dich wirklich weiterbringt (auch bei Männern). Dieses Nichts ist kein schwarzes Loch in einer fernen unentdeckten Galaxie, auch wenn es sich manchmal genauso anfühlt. Dieses Nichts ist oft ein total unentdecktes Terrain, in dem sich unglaublich viel neues Wissen verbirgt. Wenn du dir mal bewusst erlaubst, ganz in dieses Nichts einzutauchen, alles fallen zu lassen, einfach mal nur zu sein, dann ist das echt eine ganz starke weibliche Kraftquelle (die du immer wieder anzapfen kannst). Wenn um dich und in dir Ruhe einkehrt, hörst du auch deinen inneren Dialog. Deine innere Stimme. Die weibliche Weisheit. Die Göttin. Da kribbelt es gleich richtig am ganzen Körper, während wir diese Zeilen schreiben.

Nichts zu tun bedeutet übrigens nicht, die Wäsche zu waschen, den Geschirrspüler zu leeren, ein neues Buch zu lesen, 2,7 Kilometer zu joggen oder online zu daten. Also all die Dinge, die gemacht werden müssen oder sollten oder viel zu lang im normalen Alltagswahnsinn liegen bleiben. Das ist nichts nämlich schon mal nicht. Aber was ist es dann und warum erzählen wir dir davon?

Nichtstun ist etwas, das dich befreit. Von all den Dingen, die dich nicht weiterbringen. Wir Menschen sind so oft so getrieben, permanentem Stress ausgesetzt, überfordert und ausgepowert. Und auch, wenn Stress nichts ist, was sich gut anfühlt, ist er zu einer Art Statussymbol geworden. Bin ich im Stress, hab ich viel zu tun, erbring ich Leistung und bin daher oftmals viel mehr wert in der Gesellschaft. Oh yeah, I'm so busy and so bossy. Und ganz ehrlich, wer gibt denn schon gern zu, den ganzen Tag nichts gemacht zu haben? Dann giltst du schnell als unmotiviert oder gar faul. Wer faul ist, ist nichts wert – und genau dieser Glaubenssatz macht es uns oft schwer, eine Pause einzulegen und das süße Nichtstun zu genießen.

Wusstest du, dass die Italiener dafür eine eigene Bezeichnung haben? Sie bezeichnen das süße Nichtstun als »Dolce farniente«. Dolce farniente ... lass dir das mal auf der Zunge zergehen ... d.o.l.c.e. f.a.r.n.i.e.n.t.e ... Was für schöne Wortlaute fürs Nichtstun.

Wenn die Niederländer mal nichts tun, dann sprechen sie vom »Niksen« – seit 2019 ein Modewort und für einen entspannten Lebensstil benutzt. Genauso wie das dänische »Hygge«, das schon viele Buchtitel schmückt und uns dabei hilft, eine herzliche, wohlige Atmosphäre zu kreieren.

Wie du siehst, ist Nichtstun doch schon sehr weit verbreitet und bekommt mehr und mehr den wohlverdienten coolen

Touch. Aber wann hast du zum letzten Mal wirklich nichts getan? Und was kommt bei dir hoch, wenn du mal nichts tust?

Oft scheitert die Antwort auf diese Frage an den folgenden weiteren Gedanken: Was genau heißt überhaupt »Ich mache heute mal nichts«? Das haben wir nämlich irgendwie verlernt.

Nichtstun besteht in Wirklichkeit aus drei Komponenten: atmen, hören, schauen. Und ja, das stimmt, auch hier tust du etwas. Atmen, hören und schauen eben. Aber: Beim Nichtstun wirst du im Idealfall nichts Besonderes machen und vor allem nichts, was ein Ziel verfolgt. Nichtstun ist daher auch nicht Meditieren, denn wenn du 30 Minuten meditierst, dann tust du ja schon wieder mehr als nichts. Und es ist auch nicht Journaling. Oder drei Dinge aufschreiben, für die du dankbar bist. Das ist es auch nicht.

Lass uns dir mal unsere persönliche Variante näherbringen. Nichtstun bezeichnen wir von Herzen gern als »bled schaun«. Wir stehen und schauen aus dem Fenster. An kalten Wintertagen sitzt Steffi beispielsweise dabei auch gern auf dem Heizkörper, um neben dem Bledschauen auch gleichzeitig ihr Popscherl zu wärmen. Sehr effektive Kombination, können wir dir sagen. Wir sitzen/liegen/wärmen uns also und schauen. Meistens aus dem Fenster. Lila bevorzugt auch gern die weiße Wand. Da ist wirklich recht viel Nichts. Und dann? Was passiert dann?

Dann passiert wiederum nichts.

Und wie lang ist dann dieses Nichts? Solang wir wollen. Solang wir uns aufladen und abschalten möchten. Und als Profi-Nichts-Tuer kann man das schon wirklich lang aushalten (Guinnessbuch der Rekorde verdächtig).

In diesem Nichts sind wir einfach. Wir sind einfach da. Im Hier und Jetzt. Wir spüren uns. Wir erlauben uns, uns zu spüren. Einfach zu sein. Mal alles liegen und stehen zu lassen. Tief und fest durchzuatmen. Wieder zu spüren. Dem Kopf eine Pause zu schenken von all den vielen Gedanken. Die Gedanken schweifen zu lassen. Einfach mal auszusteigen. Die Wolken zu zählen.

In ihnen Formen zu erkennen. Dem Regen zu lauschen. Den Baum zu betrachten (oh, ein Eichhörnchen). Die sich wechselnden Schatten an der Wand zu sehen. Schattenfiguren zu machen. Starren. Schauen. Atmen. Sein. Pause. Von vorn anfangen. Wenn man möchte.

Und das ist wirklich unfassbar weiblich. Du fühlst darin nicht nur dich, sondern Schritt für Schritt (beziehungsweise Gefühl für Gefühl) noch mehr dein Frau-Sein.

Auch, wenn du jetzt denkst, dass es dir sehr schwerfällt, dir diesen Raum des Nichts zu schenken (die Kinder sind da, der Chef will ständig etwas, du musst noch so viele Sachen erledigen und hast einfach keine Zeit): Probier es trotzdem.

In einem kurzen Moment.

Jetzt zum Beispiel.

Leg dich kurz auf die Couch, ins Bett oder setz dich hin oder stell dich ans Fenster – was sich gerade richtig anfühlt und unkompliziert geht. Schließ auch gern kurz die Äuglein, wenn du möchtest. Oder such dir deine Lieblings-Anstarr-Wand oder deinen Lieblings-Anstarr-Gegenstand. Und dann mach einfach mal nichts. Ja, wir wissen, du bist neugierig, wie es in diesem Buch weitergeht, da fällt das Nichtstun extra schwer. Aber wir probieren das jetzt einfach mal aus. Gönn dir eine zehnminütige Portion Nichtstun. Bled ausm Fenster schaun. Sieh dir die Wolken an. Den Himmel. Die Hausmauer. Einfach nur mal schauen. Atmen. Tief durchatmen. Den Körper beobachten. Aber keine Körperübung daraus machen – sonst bist du gleich wieder im Tun. Es sollte alles schön entspannt und unverkrampft sein. Wie die älteren Männer in Italien, die ihr dolce farniente genießen. Die sitzen einfach da mit ihrem Espresso und schauen. Und sie tun das stundenlang. Ab und zu spielen sie vielleicht Boccia. Aber grundsätzlich: Tun sie einfach nichts.

So und jetzt weiterschauen. Das Nichtstun vertiefen. Lass deinen Blick schweifen. Von links nach rechts. Spür hin. Sonst nichts. Nichts.

Wenn es nicht gleich funktioniert und sich ständig irgendwelche Gedanken oder To-Dos einschummeln, macht das gar nix. Nichtstun darf (unkompliziert) geübt werden. Es soll zu deiner persönlichen Entspannung beitragen und deinem Köpfchen einen erholsamen Leerlauf verpassen. Es ist eine Zeit, die keinem bestimmten Zweck gewidmet ist. Deine Zeit. Und wir garantieren dir: Wenn du das immer wieder machst, wirst du so ein viel besseres Gespür für die wirklich wichtigen Dinge im Leben bekommen und – ganz wichtig – hinterher deine Ziele mit weniger Aufwand erreichen. Mit Nichts zum Ziel ... lass das mal wirken ...

Wer ständig getrieben ist, hat doch gar keine Zeit fürs dolce farniente, stimmt's? Aber ist es nicht das, wonach wir uns alle so sehr sehnen?

Der Genuss.
Die Einfachheit.
Das Sein.
Im Leben.
In Beziehungen.
In der Liebe.

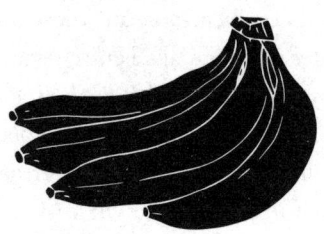

Slow living. Strong loving.

Also, um dir die Frage zu beantworten, warum wir dir vom Nichtstun erzählen: Wir führen dich mit diesem Buch nicht nur zurück zu dir, zur Liebe, zur Weiblichkeit. Sondern auch in das einfache, genussvolle Sein im Hier und Jetzt. Und all das hat ganz viel mit Göttinnen-Energie zu tun und bringt dich noch mal ein ordentliches Stück mehr in deine Kraft. Liebes, du darfst dir wirklich erlauben, faul und auch mal schwach zu sein. Du darfst dir erlauben, die Anteile auszuleben, die du vielleicht gerade ablehnst. Du darfst dir erlauben, das zu leben, was du gerade fühlst und brauchst. Je mehr du alle Anteile von dir zulässt, desto stärker kannst du zu dir stehen und dich annehmen, genau so, wie du bist. Sprich mal laut aus:

◇ »Ja, ich darf mir erlauben, schwach zu sein.«
◇ »Ja, ich darf mir erlauben, heute mal alles liegen und stehen zu lassen und nichts zu tun.«
◇ »Ja, ich darf mir erlauben, so richtig faul zu sein.«

Hell yeeeeeah, Sister. Lass es raus. Nicht nur deine wilden, sondern auch deine faulen Anteile. Ist es nicht schön, alles sein zu dürfen, was du dir selbst erlaubst? Du hast es in der Hand. All deine Anteile sind ein Geschenk. Oh ja, ein Geschenk. Für dich und für die Welt. Ein Geschenk, das heilt, aufreibt, befreit und direkt zum wahren Wesenskern vordringt. Halt nichts davon zurück. Alles, was dich ausmacht, ist wertvoll.

Das stingade Gsöchts

Für die Faulheit gibt es in Österreich übrigens eine extra-spezielle Bezeichnung: das stingade Gsöchts. Als Beispiel: »Du liegst umadum wia a stingads Gsöchts«, bedeutet so viel wie »Du liegst nur faul herum«. Ausgesprochen wird »Gsöchts« übrigens mit Anlaut X, also »Xöchts«. Die Italiener haben das dolce farniente, wir Österreicher das »stingade Gsöchts« (und darauf sind wir verdammt stolz). Deshalb jetzt auch noch mal ganz laut: »Ja, ich darf mir erlauben, wie ein stingades Gsöchts herumzukugeln!« Jawoooohl, Sister.

Und wir legen noch einen drauf: Eine Göttin ist nicht nur faul, sondern dabei auch noch langsam. Warum? Weil alles Langsame der weiblichen Energie dient. Bei der weiblichen Energie dreht sich alles darum, langsamer zu werden und dadurch noch mehr im Moment anzukommen:

- langsam duschen
- langsam eincremen
- langsam schminken
- langsam Zähneputzen
- langsam kochen
- langsam essen
- langsame Spaziergänge
- langsam daten (darauf gehen wir noch ganz genau ein)

Lass mal alles Alltägliche ganz langsam passieren und schau, was es mit deiner Energie macht. Das ist die Göttinnen-Energie, die wir meinen! Wir lieben es einfach, wie sehr du dich darauf einlässt (und allen voran lieben wir dich)!

Beziehungsstatus: Dating-Pause!

Eine ehemalige Klientin meinte mal in unserer zweiten gemeinsamen Coachingsitzung (wir können uns noch so gut daran erinnern, als wäre es gestern gewesen): »Seitdem ich nicht mehr daten muss, habe ich wieder Lust darauf.« Das »Nichts-tun-müssen« war ihr ganz persönlicher Schlüssel zu ihrem ganz persönlichen Liebesglück. Wie kam es dazu?

Am Anfang unserer ersten Coaching-Einheit empfehlen wir immer, eine kleine Dating-Pause einzulegen. Was so viel bedeutet wie: Leg alles, was mit Dating und Männern zu tun hat, mal ganz bewusst auf die Seite und richt den Fokus nur auf dich und deinen Prozess. Oft dreht sich alles viel zu lang ausschließlich um »Wie find ich ihn?«, sodass wir ganz vergessen, worum es wirklich geht. Um uns selbst. Darum, den blinden Fleck oder das letzte Müsterchen zu lösen, das den zukünftigen Partner noch blockiert. Und darum, dass der Richtige sowieso von ganz allein kommt. Ob mit oder ohne Muster. Meistens sogar (überraschenderweise) dann, wenn nicht mehr verkrampft nach ihm gesucht wird.

Du musst auch hier nichts tun. Du darfst dich entspannen. Eine Komponente, die, wenn es ums Dating geht, oft vergessen wird. Dating und Entspannung? What??? (Schreiendes Smiley-Emoji.) Ja, Entspanntheit, Spaß, Genießen, Neugier, Freude, Vorfreude. Darum darf es gehen. Und wenn sich alles nur mehr nach Stress anfühlt, dann ist es echt Zeit für eine Pause. Das impliziert auch das Löschen von Dating-Apps. Eine ziemliche Erleichterung und ein Stressfaktor weniger. Dann kannst du endlich wieder ganz in Ruhe deine Lieblingsserie ansehen, ohne ständig parallel aufs Handy zu starren.

Bist du im »Dating-Hamsterrad« gefangen, verlierst du schnell mal den Blick für das Wesentliche und nimmst sämtliche dunkelrot-leuchtende Red Flags als ganz normales hellgrün-leuchtendes Verhalten wahr. Ein bisserl Abstand zu gewinnen, ist oft so wichtig. Dadurch erkennst du (wirklich) besser, was du willst und nicht mehr willst. Klare Sicht auf wahre Liebe. Jaaaa, einen Strauß voller Green-Flags zu mir, bitte! Und du hast schneller mal die (oft brutale) Antwort auf: Warum zur Göttin habe ich mir das so lang gefallen lassen?

Eine Dating-Pause ist richtig entspanntes Nichtstun. Genau in dieser Zeit können sich Dinge lichten und du kannst deinen Fokus (neu) ausrichten. Schluss mit Auf-Nachrichten-Warten oder Auf-ein-weiteres-Date-Hoffen. Rein ins Genießen (ist übrigens eine echt sexy, magische weibliche Anziehungskraft). Wenn du aufhörst zu suchen (so viele wissen gar nicht, wonach überhaupt), bist du bei dir und gewinnst mehr und mehr Klarheit über all das, was du wirklich willst. Probier es mal aus und entscheide dich, die Suche nach dem Richtigen zu unterbrechen. Drück den liebevollen Pause-Knopf und schau einfach mal, was das mit dir macht.

Wenn du ...

◇ nicht sicher bist, wie du dich gegenüber deinem derzeitigen Date verhalten sollst (du willst ja schließlich nichts falsch machen) ...

◇ denkst, dass du eigentlich wieder die Onlinedating-App installieren solltest, weil du schon viel zu lang Single bist (aber eigentlich gar nicht onlinedaten willst) ...

◇ wie wahnsinnig auf seine Nachricht wartest und es dir so sehr auf den Fingern brennt, selbst nachzufragen, ob er dich wieder treffen möchte (auch, wenn hier die Angst aus dir spricht) ...

..., dann mach auch hier mal nichts. Sonst passiert es viel zu oft, dass die Angst dich steuert und du Dinge tust, die nicht notwendig sind. Gib dir Zeit. Es passiert nichts, wenn du nichts tust. Ganz im Gegenteil. Manchmal darfst du selbst noch Dinge aufarbeiten, um frei für eine Beziehung zu sein. Diese Pause ist essenziell, um genau diesen Platz für Heilung zu schaffen. Nichtstun hilft dir dabei, noch mehr zu heilen. Stark, oder? Es unterstützt dich, ein liebe-volles Leben zu gestalten und das zieht ganz automatisch liebe-vollere Dates in dein Leben. Goddess-Dates. Deswegen passiert nach diesen bewussten Pausen immer so viel. Du bist mit Liebe aufgeladen.

Und ganz ehrlich, wir haben noch nie die Geschichte gehört: »Ich tu alles, dass er mich interessant findet, geb mich voll auf und dadurch hat er sich in mich verliebt.« Welche Geschichte wir dagegen ständig hören: »Ich hab mich auf mich selbst fokussiert und mir ein geiles Leben gestaltet und, zack, stand er auf einmal da. Ich musste nichts dafür tun.«

Da wird schon was dran sein (zwinker).

Das große Ganze – ist ja wohl das Mindeste, was eine Göttin verdient

♡ ♥ ♡ ♥ ♡ ♥ ♡ ♥ ♡ ♥ ♡ ♥ ♡ ♥ ♡ ♥ ♡ ♥ ♡ ♥ ♡ ♥ ♡ ♥ ♡ ♥ ♡ ♥ ♡ ♥

Es ist Montag, 14.14 Uhr (ein verdammt gutes Zeichen). Eingekuschelt in unseren flauschigsten Decken liegen wir in unseren Bettis, neben uns ein warmer Tee (heute ist ein echt arschkalter Wintertag da draußen) und vor uns unser Laptop auf unseren brandneuen Laptop-Bett-Tischchen. Ja, wir haben uns wirklich extra einen Laptoptisch für unser Bett bestellt, um unser Buch auch in der Liegeposition schreiben zu können. Wir sind so viel kreativer, glaub uns. Und echt glücklich. Im Bett fließt es nur so aus uns heraus. Das ist unser allerliebstes natürliches Habitat, an dem the magic happens. Ein wertvoller Teil unseres großen Ganzen.

Meistens hören wir dabei die 80er- oder 90er-Jahre-Hits (absolute Inspiration für ein Liebesbuch). Diana Ross, Kate Bush, Kim Wilde, Stevie Wonder, Huey Lewis, Wilson Phillips, Michael Jackson, Whitney Houston ... alle sind sie hier um uns und singen von der Liebe.

Von der Liebe, in der alles möglich ist. Diese wahre Liebe, die niemals aufhören soll. Aaaaand aaaaaaiiiiiiaaaaaaiiiiiiii will aaaalways love yoooouhuuuuuu. Danke Whitney, wir fühlen sie auch so sehr. Diese Liebe, die dich so stark zu diesem Menschen hinzieht. Die dich tief drinnen im Herzerl dawischt. Die sich manchmal so anspürt, als würdest du durchdrehen vor Glück oder wie Endlich-zu-Hause-Ankommen. Die dich beschützt. Dich sein lässt, wie du bist. So allumfassend. So groß. So ganz. Das große Ganze. The big big thing, baby.

Ja, wenn wir vom großen Ganzen sprechen, meinen wir die wahre Liebe. Aber nicht nur. Denn da gibt es noch so viel mehr: Das große Ganze ist der Moment, an dem sich alles, was du dir je gewünscht hast, erfüllt.

Da, wo alles seine Richtigkeit hat. Der Ort, an dem alles ist, wie es ist. Vollkommen richtig. Pure Fülle. Pures Sein. Leichtigkeit. Spaß. Freiheit. Das große Ganze umfasst all die Menschen, die dir wichtig sind – und du ihnen. Das geht weit über dein Visionboard und deine kühnsten Träume hinaus. Das große Ganze ist ein geiler Job. Noch geilerer, erfüllter Sex. Das tiefverankerte Gefühl, genau dort zu sein, wo du hingehörst.

Das große Ganze ist dein Richtiger. Der dich über alles liebt und du ihn. Deine eigene Familie. Ja, dein Familienwunsch, der sich erfüllt. All das, was du dir für dich in diesem Leben wünschst. Und genau das, was du verdienst. Es fühlt sich Millionen Mal größer an, wie eine dauerhafte Grünphase. Wie der letzte Parkplatz vorm Shoppingcenter. Wie ein frisch gebackenes warmes Weckerl beim Bäcker (bis obenhin vollgefüllt mit Nutella). Wie ein ehrliches, herzerwärmendes Lächeln von einem Fremden. Wie komplett ausgeschlafen sein. Wie ein Tag Nichtstun. Wie der Moment, an dem er dich fragt: Möchtest du mit mir zusammen sein? Für immer und ewig? Und auch noch viel mehr. Fühlst du's?

Wie fühlt sich das dann an, wenn sich alles (alles!), was du dir jemals erträumt hast, erfüllt hat? Unvorstellbar? Gigantisch? Bist du depatt, des is oarg? Dort ist das große Ganze.

Hol's dir, Schwester!

Mittlerweile sind wir drei zusammen fast am Ende des dritten Kapitels angekommen. Du hast schon viel gelernt und viel erfahren. Deine Seele saugt gerade alles nur so auf und unterbewusst arbeitet es schon richtig in dir. Vieles ordnet sich neu oder löst sich, manches tut vielleicht noch weh, doch weißt du, woran du ganz nah dran bist? Richtig. An deinem persönlichen großen Ganzen.

Weißt du, was uns ganz speziell berührt? Wie sehr du dich auf dich einlässt. Wir sind so dankbar, dass jede einzelne unserer Zeilen etwas ganz Spezielles bei dir auslöst. Es werden gerade so viele unterschiedliche Prozesse angestoßen. Wir lieben es aufzurütteln, dich zu begleiten und dich zu überraschen.

Sei stolz auf dich. Denn dieses „Sich-auf-sich-selbst-Einlassen« ist nicht ohne. Du weißt, Herzi: Das Leben ist immer für dich. Und je mehr du dich auf etwas einlässt (das Leben, die Liebe, dich selbst), desto mehr wirst du beschenkt.

Um das große Ganze anzuziehen, darfst du dich dafür öffnen und dich darauf einlassen. Einlassen und loslassen, was deinen freien Sprung noch beschwert. Du brauchst den Ballast nicht mehr, der dich runterzieht. Du weißt genau, wovon (oder von wem) wir gerade sprechen.

Wenn du fliegen willst, musst du springen

Was ist eigentlich dein persönliches großes Ganzes? Das würde uns so sehr interessieren. Vergiss nicht: Träume groß und noch größer. Greif nach den Sternen, Baby.
Auch beim Thema Männer. Denn, wenn sich in deinem Liebesleben nach wie vor halb warme Geschichten zeigen, dann glaubst du einfach noch nicht ganz daran, dass das große Ganze für dich möglich ist. Dass du das große Ganze verdienst. Aber hey (einmal geht's noch), es ist für dich möglich und du verdienst es noch mehr, als du dir überhaupt vorstellen kannst.

Hach, wir wünschten, wir könnten dich durch dieses Buch drücken. So fest, wie es nur geht. Und dir immer wieder sagen, dass alles für dich da ist. Glaub daran, Sis. Mach dich auf und noch mehr auf. Dieser Glaube, dass viel, viel mehr möglich sein muss, hat viele unserer Klientinnen dazu gebracht, die Schritte zu unternehmen, die sie brauchten, um zu heilen, pure Fülle anzuziehen und ihre Herzen für den Richtigen zu öffnen.

Vieles war ab dieser Entscheidung anders: Die Art und Weise ...

◇ wie sie sich bei Dates verhielten

◇ wie sie sich selbst behandelten

◇ wie sie zu sich standen und ihre Standards kommunizierten

◇ wie sie ihr Leben selbst in die Hand genommen haben

Und auf einmal waren da auch ganz andere Männer. Goddess-Energy, Baby!

Ja, da ist sie wieder, die gute alte Göttinnen-Energie. Du darfst dich dazu entscheiden, dich auf dich selbst einzulassen. Dich in dich und das Leben zu verlieben. Zu all dem »Nein« zu sagen, was dich nicht erfüllt. Es ist alles mit Leichtigkeit für dich möglich. Mehr als möglich! Dein Mr. Right! Das große Ganze! It's all for you (hol's dir, Schwester).

Goddess-Manifestation

♡ ♥ ♡ ♥ ♡ ♥ ♡ ♥ ♡ ♥ ♡ ♥ ♡ ♥ ♡ ♥ ♡ ♥ ♡ ♥ ♡ ♥ ♡ ♥ ♡ ♥ ♡ ♥

»Ich hab mir circa zehn Millionen Bücher, Blogartikel und Podcasts reingezogen und bin echt schon verzweifelt, weil es bei mir einfach nicht klappt. Ich bin scheinbar zu deppert dafür.« Maja hält kurz inne und zeigt uns eine ausgedruckte Manifestationsanleitung. »Wie soll ich mir bitte vorstellen, dass mein Traummann schon in meinem Leben ist, wenn ich einfach nur einsam bin und gar nicht daran glaube? Ich fühl's einfach nicht, Oida«, motschkert sie.

Wir verstehen ihren Druck so gut, müssen aber trotzdem ein bisserl schmunzeln, weil auch wir in der Vergangenheit an unsere Manifestationsgrenzen gestoßen sind. Wir haben unsere Wünsche auf Tausende Zettelchen verteilt, zu Hause versteckt, verbrannt, dem Meer übergeben oder als Visionboard auf der Wand verewigt. Der Sage nach passiert ja angeblich im Wald eine ganz besondere Magie. Und so kam es, dass Lila am ersten Tag eines neuen Jahres (dieses Datum soll ja auch besonders magisch sein) in einen tiefen, dunklen Wald gewandert ist (und dabei Angst hatte, dass jemand um die Ecke kommt und sie mit seiner fetten Schaufel erschlägt). Sie wollte ihren Traummann manifestieren und dafür unbedingt den perfektesten, kraftvollsten Ort finden, um dort ihre Traummannliste zu vergraben. Oder sie mit Salz zu bestreuen. Oder zu verbrennen. Was auch immer. Hat's was gebracht? Außer gatschigen Schuhen und eiskalten Zecherl nicht viel.

Was macht man nicht alles, um sich sein Glück zu manifestieren. Also wir zwei haben damals ziemlich viel gemacht und wenn wir zurückdenken, waren wir beide zu diesen Zeiten so sehr im Mangel. So sehr in der Angst. Und ja, so sehr in der

Scheiße! Unser Leben lief einfach nicht ganz rund und deswegen haben wir dauernd irgendwas aufgeschrieben – in der Hoffnung, dass endlich eine gottverdammte Fee daherkommt und unsere Herzenswünsche erfüllt (aka unser Problem löst).

Kurzes Vorspulen ins Hier und Jetzt: Es kam keine Fee und auch nicht der Klabautermann. Wir haben es selbst in die Hand genommen und geforscht, getestet, erprobt, studiert, wissenschaftlich evaluiert (okay, das war jetzt doch ein bisserl übertrieben) und unser ur-eigenes Zauber-Tool entwickelt. Keine Sorge, Liebes, wir teilen mit dir natürlich unser streng vertrauliches Manifestationsgeheimnis. Aber psssst ... top secret!

Was halten wir vom gängigen Manifestieren?

Kurz und knapp: Nix. Und wir erklären dir auch warum.

Grund 1: Glaube allein ist zu wenig

Wir vergessen oftmals nämlich etwas Wichtiges: unsere Eigenverantwortung. Es hilft nichts, wenn ich zwar fleißig auf sämtliche Spiegel in meiner Wohnung Post-its mit »Ich bin reich und verdiene 100 000 Euro« schreib und diesen Satz wie ein Mantra gebetsmühlenartig wiederhol (mir in Wirklichkeit aber gerade nicht mal die Miete leisten kann) und nichts dafür tu. Von nix kommt nix.

Wenn ich also nichts änder und keine meinem Wunsch dienlichen Schritte setz, dann ändert sich auch im Außen nichts. Wie heißt es so schön: Jeder ist seines Glückes Schmied. Wir selbst haben es in der Hand. Ist das nicht großartig? Wir sind nicht vom Wohlwollen des Universums abhängig und auch nicht davon, wie gut wir das Ding mit dem Manifestieren verstanden haben. Nur die selbst ernannten Manifestations-Gscheitlinge wollen uns weismachen, dass ohne unser Zutun das scheinbar Unmögliche möglich gemacht werden kann (ist wie, wenn wir auf einer Glatze

Locken drehen wollen). Das ist Bullshit. Wir selbst dürfen alles daransetzen, uns ein erfülltes Leben zu gestalten. Übrigens. Hinter all unseren Wünschen (egal, ob es mehr Geld, eine Beziehung, ein schlanker Körper oder der Traumjob ist) verbirgt sich die Sehnsucht nach Fülle. Erfülltheit. Sich vollständig fühlen.

Grund 2: Du kannst keine Fülle aus dem Mangel heraus kreieren
Und hier liegt auch der Hund begraben, denn sobald wir manifestieren wollen, sind wir im Mangel. Wären wir happy-peppi mit unserem Leben und würden wir uns erfüllt fühlen, käme es uns gar nicht in den Sinn, etwas her-manifestieren zu wollen. Genau aus diesem Mangel heraus suhlen wir uns regelrecht in den Gedanken, was wir NICHT haben. Wir legen unseren Fokus auf das, was uns fehlt. Und ziehen im schlimmsten Fall noch mehr von dem an, was wir nicht wollen/nicht haben.

Auch Maja kennt dieses Problem sehr gut und fragt sich ständig, was sie bloß noch alles tun soll, um ihren Traummann endlich anzuziehen. Sie manifestiert wie verrückt und es kommt einfach nichts dabei raus. Ständig überlegt sie sich neue Manifestationsstrategien, die wieder nicht funktionieren, und ist immer wieder aufs Neue enttäuscht. Sie ist in der Mangelspirale gefangen und weit weg von Liebe, Leichtigkeit, Vertrauen und Fülle. Dieser Teufelskreis frustriert und macht unendlichen Druck (verständlicherweise).

Genau von diesem Druck wollen wir dich befreien! Wir zeigen dir jetzt, wie wir uns alles (wirklich alles!) erschaffen, was wir uns wünschen.

Also, wie manifestieren wir? Wir manifestieren NICHT. Nö. Machen wir nicht. Wir haben auf den ganzen Schmafu gepfiffen und machen unser eigenes Ding: Wir achten penibel auf unser Lebensglück und wünschen. Oder anders gesagt: Wir folgen der Freude und geben unseren Wunsch einfach ans Universum ab.

Klappt das bei uns immer? Ja, aber manches kommt einfach erst dann in unser Leben, wenn es kommen soll. Und darauf vertrauen wir. Wir haben keinen Stress, weil wir mittlerweile wissen, dass sich alles immer zum richtigen Zeitpunkt zeigt. Nicht dann, wenn unser Kopf denkt: Jetzt muss es sein. Großartige Dinge brauchen eben manchmal ihre Zeit. Zum Beispiel dieses wundervolle Buch, das du gerade in deinen Händen hältst. Steffi hat 2015 zum ersten Mal in ihr Lovebook geschrieben, dass sie ein Buch schreiben möchte. Sie hat den Wunsch ans Universum abgegeben und sich in der Zwischenzeit gemeinsam mit Lila ein erfülltes Leben gestaltet, konkrete Schritte gesetzt und jetzt ... Abrakadabra ... den Rest der Geschichte kennst du ja.

Darin versteckt sich auch der wichtigste Schlüssel, um all das zu bekommen, was du dir so sehr wünschst.

Mach dir ein schönes Leben!

Wie das funktioniert? Mach ganz viel von dem, was dir guttut. Triff dich mit lieben Menschen. Geh in die Natur. Koch dir dein Lieblingsessen. Tanz wild durch die Wohnung. Schau dir Fotos von einem tollen Event an, auf dem du richtig viel Spaß hattest. Hör dir einen Podcast an (PUDELNACKERT soll angeblich ein regelrechter Fülle-Magnet sein). Mach Sport. Mach nichts. Schmeiß dich auf die Couch. Leg dich ins Bett. Mach das, was du willst. Und davon ganz, ganz viel.

Alles, was dir ein gutes Gefühl gibt, hilft dir dabei, aus dem Mangel in die Fülle zu kommen. Fütter deine Seele, dein Herzerl und deinen Verstand mit Freude.

Du denkst dir jetzt vielleicht: »So einfach soll das gehen?« und unsere Antwort darauf lautet ganz klar: »Aber so was von!« Es darf leicht sein, erinnerst du dich? Um richtig zu manifestieren, darfst du dir aktiv all die Momente in dein Leben holen, die dir Freude bereiten.

Hol dir Freude ins Leben

Frag dich intuitiv aus dem Herzen heraus – gern als tägliche Liebes-Routine:

- ◇ *Was bedeutet es für mich, erfüllt zu sein?*
- ◇ *Wo konkret befindet sich die Freude in meinem Leben?*
- ◇ *Wie fühlt sich Freude für mich an? Wie sieht sie aus? Wie schmeckt sie? Wie riecht sie?*
- ◇ *Was macht mir so richtig Spaß?*
- ◇ *Wovon will ich ab sofort mehr machen?*
- ◇ *Was möchte ich? Wirklich!*

Diese Fragen führen dich schnurstracks in den goldenen Topf der Fülle. Ja, das ist pure Magie!

Je mehr Fülle du für dich kreierst, desto mehr sendet dir das Liebesuniversum davon. Und schwuppdiwupp fällt auch der ganze Druck von dir ab. Liebe zieht Liebe an. Fülle zieht Fülle an.

»Ist ja alles gut und schön, was ihr mir da erklärt. Aber wann geht denn mein Herzenswunsch endlich in Erfüllung? Ich habe vor Monaten mit dem Manifestieren begonnen und mein Traummann ist noch immer nicht da.« Maja schaut uns mit ihren hübschen braunen Augen eindringlich an. Du hast alle Zeit der Welt, Liebes. Und wenn du das Gefühl hast, es muss jetzt sofort sein, dann darfst du gleich mal bewusst aus dieser Warteposition (und dem Mangel) aussteigen. Du weißt nie, was das Leben gerade als Nächstes für dich bereithält. Und jetzt kommt ein Wort, was du vielleicht nicht gern hören möchtest: Geduld. Hab Geduld. Geduld ist die Gabe, Dinge anzustoßen und dann abzuwarten.

Es kommt wirklich (!) alles zum richtigen Zeitpunkt. Und wenn es (oder er *Zwinkeremoji*) dann da ist, weißt du ganz genau, warum es nicht früher in dein Leben kam. Vertrau uns, Herzi. Du hast sowieso keinen Einfluss auf das Tempo.

Lässt sich denn auch mein Traummann wünschen?

Ja, auch ihn kannst du »manifestieren«. Aber lass uns das ein bisserl ausdehnen und, sagen wir mal, größer machen. Denn du kannst vor allem eins: dir die Liebe/das Gefühl manifestieren, also noch mehr davon ins Leben holen (ganz ohne Spaziergänge im tiefen, dunklen Wald). Bewusst »Ja« zur Liebe zu sagen, bringt dich automatisch in ein gutes Gefühl. Du musst dir nicht vorstellen können, wie es ist, wenn er schon da wäre. Da kommt bei vielen wieder der Druck und die Angst. Erschaff dir einfach mehr von dem Gefühl, wonach du dich sehnst. Liebe, Nähe, Intimität zum Beispiel. Möchtest du Nähe mit einem Mann erleben, dann darfst du dir selbst nahe sein und eine Verbindung zu dir selbst aufbauen. Du darfst dich annehmen, wertschätzen und liebevoll zu dir sein. Schau dir an, wo du selbst nicht gut auf dich achtest. Das können zum Beispiel zu viel Stress und zu wenige Pausen sein oder schlechte Ernährung, obwohl du weißt, dass dir zu viel Zucker nicht guttut. Vielleicht nörgelst du auch ständig an dir rum.

Statt dich selbst nicht richtig gut zu behandeln, frag dich, was du wirklich brauchst. Alle Antworten liegen in dir. Du darfst dir erlauben hinzuhören und dadurch Nähe zu dir herstellen. Das ist deine Aufgabe und verändert alles. Das bringt unendlich viel Liebe in dein Leben. Damit gehst du dem Universum entgegen und gibst das Zeichen, dass du bereit bist, deinen großen Wunsch zu empfangen. Es ist alles für dich da. Du brauchst keine Angst zu haben, dass es nicht genug gibt oder du zu spät dran bist. Alles ist da und kommt in dein Leben. Darauf darfst du dich vertrauensvoll ausrichten und vorfreudig üben.

Goddess-Manifestation – eine Schritt für Schritt-Anleitung

Du möchtest jetzt sicher wissen, wie du deinen Herzenswunsch zum Leben erweckst, stimmt's? Genau das verraten wir dir jetzt.

Schritt 1: Folge tagtäglich deiner Freude
Und das konsequent. Das ist deine größte (lebenslange) Aufgabe und gleichzeitig die einzige, wo du wirklich aktiv etwas tun musst. Es ist so was von an der Zeit, aus dem kleinen Ich auszusteigen und deine wilde Weiblichkeit zu leben. Aber sei gewarnt: Wenn du einmal vom süßen Honig der Freude geleckt hast, willst du immer mehr davon. Macht so was von süchtig.

Schritt 2: Was wünschst du dir?
Überleg dir deinen konkreten Wunsch. Wie zum Beispiel: Ich wünsche mir eine erfüllte, dauerhafte Liebesbeziehung mit meinem Traummann.

Werd dir bewusst, was du wirklich, wirklich willst, Liebes. Aber mach es nicht zu kompliziert. Geh in dein Herz, in deinen Körper und ins Gefühl. Lass dich dorthin leiten, wo es in dir zu kribbeln beginnt, wenn du an deinen Wunsch denkst. Wo dein Herz höher schlägt und dein Atem schneller wird (fühlt sich ähnlich an wie sexuelle Erregung). Genau diese Energie ist der Power-Antrieb fürs Manifestieren und für ein erfülltes Ooooh-jaaaa-Leben.

Schritt 3: Frag dich, warum du dir etwas wünschst
Warum wünschst du dir überhaupt eine Beziehung? Steckt vielleicht ein weiterer Wunsch dahinter? Wenn du deine Absichten dahinter ganz genau erkennst, dich sozusagen selbst durchschaust, ist es auch viel einfacher, ganz genau zu wissen, was du dir wirklich wünschen möchtest, und deinen Wunsch konkret zu formulieren.

Schritt 4: Notier dir deinen Herzenswunsch ...
... und schenk dir dabei ein liebevolles Lächeln: Ich wünsche mir ...

Schritt 5: Gib ihn ans Universum ab!
Der nächste wichtige Schritt ist, deinen Wunsch freizulassen, sobald du ihn aufgeschrieben hast. Einfach frei lassen, wie einen kleinen besonderen Schmetterling. Du kannst ihn gern auch in eine goldene Blase packen und loslassen. Solang du nicht zu verbissen an die Sache rangehst, kann nichts schiefgehen. Manche Wünsche erfüllen sich sofort. Manche lösen einen Prozess aus und brauchen ihre Zeit, bis sie sich in deinem Leben zeigen.

Es ist es nicht wichtig, dass du dir deinen Wunsch detailliert vorstellst, während du ihn loslässt. Nur, dass du dich einfach noch einmal mit ihm verbindest: Lächle, wünsch und lass den Wunsch los. Das ist das Geheimnis. Du darfst den Wunsch danach sogar einfach wieder vergessen und musst nicht immer an ihn denken.

Wichtig ist auch, von der Vorstellung loszulassen, auf welchem genauen Weg sich dieser Wunsch nun erfüllen soll. Wir wissen es nicht. Wir wissen nicht, wann es passiert, wie es passiert und wer Teil dieses Wunsches sein wird. Wir wissen nur, dass es passiert. Das Leben ist nicht kontrollierbar und meistens geht es Wege, die wir uns im Voraus gar nicht vorstellen können. Rechne also einfach mit dem Schönen und lass deine Wünsche in Erfüllung gehen.

Viel Spaß beim Wünschen, Goddess!

Meine Erkenntnis aus diesem Kapitel

Spür für dich noch mal ganz bewusst in folgende Reflexionsfragen rein und beantworte sie am besten schriftlich:

◇ Was lasse ich los?
◇ Was nehme ich mir mit?
◇ Was setze ich um?

Und jetzt notier dir deine Erkenntnis. Was auch immer sich bei dir zeigt, es ist genau richtig. Das kann ein Wort, ein Satz oder ein Symbol sein.

....
....
....
....
....
....
....
....

Es wird der Moment kommen, an dem der Richtige vor dir steht. Und wir prophezeien dir mal ganz salopp: Es wird nicht mehr lang dauern. Du hast schon so viel gelernt, so viel verstanden, so viel gefühlt. Und dass du deinen Richtigen noch nicht gefunden hast, kann daran liegen, dass ein kleiner Bleampl dir noch die Sicht vernebelt. Zur Seite, ihr Wischiwaschi-Männer. Schluss mit Bröserlverteilern, Bumsern, Ghostern, eigenartigen Pseudo-Beziehungen oder halb-warmen Gschichten. Es gibt so, so viele großartige Männer da draußen, die dich wie eine Göttin behandeln möchten. Und es existiert dieser Eine, der für dich bestimmt ist. Gib dich nicht mit »okay« zufrieden, nur um nicht allein zu sein. Sei nicht länger das »Vielleicht«, obwohl du eindeutig ein »hell, yes« bist. Lass dich nicht mehr hinhalten.

Du willst alles haben. Du kannst alles haben. Du verdienst alles. Fakt ist: Du wirst deinen Mr. Right nicht finden, wenn du noch an Mr. Wrong festhältst. Solang du dich weiterhin mit ungesunden Männertypen abstrudelst, beraubst du dich der Möglichkeit, mit dem Mann zusammenzukommen, der eigentlich an deiner Seite sein sollte. Ja, dein Mann. Er rückt immer näher und näher. Die Dinge beginnen sich bereits so schön zu fügen. Spürst du's auch? Das Universum weiß schließlich, was es macht. Und wir auch. Sieh dieses Kapitel als kleines Zeichen, dass du deinem Wunsch nach wahrer Liebe schon so nah bist. Also go away, Bleampl, jetzt wird's ernst.

Warum nicht alle Männer Schweine sind – eine Hommage an die wundervollen Herren der Schöpfung

♡ ♥ ♡ ♥ ♡ ♥ ♡ ♥ ♡ ♥ ♡ ♥ ♡ ♥ ♡ ♥ ♡ ♥ ♡ ♥ ♡ ♥ ♡ ♥ ♡ ♥ ♡ ♥

Alle Männer sind Schweinderl, denen man nicht über den Weg trauen sollte, weil sie eh nur eins im Kopf haben ... Wenn selbst medizinische Fachkräfte so etwas singen, dann muss ja wohl was dran sein. Oder nicht?

Wenn du wüsstest, wie viele Sätze wir von Frauen in den letzten Jahren gehört haben, wie sie über Männer denken (regelrecht herziehen), würdest du a Aug aufreißen. Wir teilen mal ein paar Beispiele mit dir. Kommt dir davon was bekannt vor? Dann bist du mit diesem Männerbild definitiv nicht allein.

◇ Die guten Männer sind alle vergeben oder geschieden und beziehungsgestört.

◇ Es gibt einfach so viele narzisstische Männer.

◇ In der heutigen Zeit ist es verdammt schwer, einen guten Mann zu finden.

◇ Auf Männer kann man sich nicht verlassen.

◇ Die meisten Männer wollen sich nicht binden.

◇ Ohne Männer bin ich besser dran.

◇ Männer unterdrücken Frauen.

- ◇ Männer können nicht treu sein.
- ◇ Männer sind unordentlich.
- ◇ Männer interessieren sich nicht wirklich für Frauen, außer als Betthaserl und Küchenfee.
- ◇ Männer sind Arschlöcher.
- ◇ Männer haben Angst vor starken, unabhängigen Frauen.
- ◇ Männer sind nur auf Sex aus.
- ◇ Männer wollen sich nicht weiterentwickeln.
- ◇ Männer tun sich schwer damit, ihre Gefühle zuzulassen und zu zeigen.

Wir wissen und verstehen, dass du in deinem bisherigen Leben Erfahrungen gemacht hast, die dich geprägt haben, aber wir wissen auch, dass du damit nicht leben musst. Du kannst dich hier und jetzt dazu entscheiden, dass es anders werden darf. Dass du neue, gesunde, wunderschöne Erfahrungen machen möchtest. Dass du heilen und den alten Schmerz loslassen willst. Und es ist unser ganz persönlicher Herzenswunsch, dass sich das negative Männerbild ändern darf.

Weil ehrlich? Wir lieben die Männer. Männer sind wunderbar, bezaubernd und liebevoll. Es gibt so viele großartige, mutige, beziehungsfähige Männer da draußen, die sich voll auf eine wundervolle Frau einlassen möchten und können. Auf Frauen wie dich. Die Partner auf Augenhöhe sind. Die uns Frauen wertschätzend behandeln und uns unterstützen, auch wenn wir mal nicht in unserer Kraft sind und uns vielleicht mal müde, klein oder unsicher fühlen.

Diese Sicht auf die Männer ist eine völlig andere Haltung und Energie. Spür mal hin, was das mit dir macht, wenn du loslässt. Du darfst dafür nicht nur deine Augen, sondern vor allem dein Herz öffnen.

Worauf liegt dein Fokus?

Wenn du dich nur darauf konzentrierst, wie schrecklich die Männerwelt ist, dann richtest du deine Energie und Aufmerksamkeit auf das, was du nicht willst. Du richtest den Fokus auf Mangel statt auf Fülle. Auf Problem-Männer statt auf die liebevollen, normalen Männer und deinen Richtigen. Du siehst das, wo du hinsiehst, und übersiehst alles andere.

Du kannst und darfst die Entscheidung treffen, dir Liebe und gesunde Beziehungserfahrungen ins Leben zu holen. Wir wiederholen es noch einmal (weil es in deine Zellen dringen darf): Es gibt so viele großartige, wundervolle Single-Männer. Tausende von guten Männern um dich herum. Du musst nur bereit sein, sie zu sehen.

Der Gedanke, dass es keine guten Männer gibt, ist etwas, das du dir selbst erlaubt hast zu glauben. Und warum? Weil dieser Glaube dazu führt, dass es nur um die Männer geht. Es ist ihre Schuld und sie sind das Problem. Damit gibst du die Verantwortung ab. Das liegt in der menschlichen Natur, recht haben zu wollen und dafür Beweise zu finden. Wenn du aber bereit bist, dein Herz dafür zu öffnen, dass es überall gute Männer gibt, wirst du auch die Beweise dafür sehen.

Ja, du verdienst einen liebevollen, gesunden, intelligenten, interessanten Mann. Aber erkennst du ihn, wenn du ihn siehst? So oft investieren wir zu viel Zeit in Männer, die uns einfach nicht guttun, anstatt unsere Energien dafür zu öffnen, die tollen Männer kennenzulernen. Lass die alten Konditionierungen los, werd weich in deiner Weiblichkeit und öffne dich für das Anziehen von guten Männern. Erlaube dir zu fühlen und zu sagen: »Ja, ich liebe es, Männer in meinem Leben zu haben.« Du bist in deiner femininen Energie sicher und darfst dir vertrauen. Lass dich fallen. Lass dich auffangen. Lass dich lieben. Es gibt so geniale Männer, die dich glücklich sehen möchten.

Und jetzt noch mal zusammen im Chor: We love men!

Von Mr. Wrong zu Mr. Right – Die verschiedenen Männertypen

♡♥♡♥♡♥♡♥♡♥♡♥♡♥♡♥♡♥♡♥♡♥♡♥♡♥♡♥♡♥♡♥

Um mal ein Gefühl dafür zu bekommen, von welchen Männern du dich eher fernhalten solltest und auf welchen Mann du dich stattdessen so richtig einlassen darfst, beschreiben wir dir ein paar prägnante Männertypen.

Der Ghoster

If there's something strange in your neighbourhood, who you gonna call? Schon mal einen Ghoster gejagt? Einen Mann, der plötzlich verschwunden ist und sich nie wieder gemeldet hat? Können wir nachvollziehen. Oft würde man dieses Mysterium gern in einer Geisterfalle einsperren und mal so richtig gut durchschütteln. Man weiß nämlich so oft gar nicht, was in so einem Typen vorgeht. Erst war alles gut, tolles Date, schöne Gespräche, vielleicht sogar schon ein zarter Kuss und dann, puff, hat er sich wie eine Staubwolke im Nichts aufgelöst. Wo bist du hin? Was ist da los? Wo sind die Ghostbusters, wenn man sie mal braucht?

Typische Merkmale für einen Ghoster
◇ Er verschwindet plötzlich im Nichts.
◇ Er reagiert auf keine Nachrichten oder Anrufe.
◇ Er meldet sich nie wieder.

◇ Er möchte/kann/wird für sein geisterhaftes Verschwinden keine Erklärung abgeben.
◇ Er ist nicht bereit für eine ernsthafte Beziehung.
◇ Er ist (nicht nur in seinem Verhalten) noch sehr unreif.
◇ Er hat nicht die Eier zu sagen, was Sache ist.

Warum gerätst du an den Ghoster?
1. Du bist selbst emotional nicht verfügbar.
2. Du bist zu schnell Feuer und Flamme, obwohl du den Mann noch nicht kennst.
3. Du verliebst dich sehr schnell.
4. Du bist zu sehr im Tun, statt im weiblichen Zurücklehnen.
5. Du findest unverbindliches Verhalten reizvoll.
6. Du fühlst dich noch nicht bereit für eine ernste Beziehung.
7. Du denkst, dass ausschließlich ein Mann dein Glück komplett macht.

Ghosting kann schon vor dem ersten Date stattfinden oder erst nach ein paar Monaten. Für alle Ghosting-Varianten gilt: Keine coole Sache! Und wenn du dieses Verhalten schon mal erlebt hast, dann kennst du dieses unangenehme Gefühl der Warteposition.

Was hast du bisher getan, wenn du geghostet wurdest? Nachgefragt, was los ist? Ihm geschrieben, dass das kein respektvoller Umgang ist? Dich zurückgezogen? Dich nicht aus der Ruhe bringen lassen? Ihn in seine eierlosen Cojones gezwickt? Egal, wie du bis jetzt darauf reagiert hast: Alles darf sein und ist mehr als verständlich.

Was kannst du tun, um dieses Männer-Muster zu durchbrechen?
Immer wieder schreiben uns wundervolle Frauen, die nicht weiterwissen, weil er sich nicht mehr meldet und sie mit vielen

Fragezeichen zurückgelassen werden. Ghosting zeigt sich in der heutigen Datingwelt sehr häufig, und um es auf den Punkt zu bringen: Ghoster sind einfach sehr unreif und ihnen fehlt der Anstand und der notwendige Respekt, »Tschüss« zu sagen. Und, oooooh ja, wir verstehen deinen Schmerz. Diese Form der Ablehnung tut einfach weh.

Obwohl alles in dir in diesem Moment nach einer Erklärung schreit: Melde dich nicht (mehr) bei ihm. Ja, auch wenn du noch viele Fragen an ihn hast. Tu es nicht! Denn du wirst sowieso keine befriedigenden Antworten bekommen, auch wenn du denkst, dass er es ist, der dich besser fühlen lassen kann. Doch nur du darfst dir gerade das schenken, was du dir so sehr von ihm wünschst. Fokus zurück zu dir und zu deinen Bedürfnissen. Schritt für Schritt in deine Göttinnen-Energie kommen und Krone richten. Zieh dich – wie er – wieder zurück. Mach es dir so schön und liebevoll wie möglich. Stalk ihn auch nicht länger auf Social Media oder starr ständig hoffnungsvoll auf dein Handy, sondern lass los. Ein Mann, der sich unter einem weißen Leintuch versteckt und nicht kommunizieren kann, ist kein Mann für dich. Und somit hast du nichts verloren, sondern nur wieder Platz für deinen Richtigen gewonnen.

Du hast es nicht nötig, sein geisterhaftes Schweigen mit weiteren Gedanken an ihn zu verschwenden. Deine einzige Aufgabe ist es, zu erspüren, was du für deine Beziehung möchtest, und dir klar darüber zu sein, dass so ein Mann sowieso nicht zu dir passt. P.S.: Der Richtige ist kein Geist. Höchstens ein sexy Geisterjäger.

Der Bröserlverteiler

»Hey.« »Hallo.« »Hi. Wie gehts?« Dürfen wir vorstellen: Die drei häufigsten sich immer wieder wiederholenden Einstiegssätze eines Bröserlverteilers. Er mag es gern kurz, oberflächlich und unverbindlich. Erinnerst du dich an das Märchen von Hänsel und Gretel? Zwei Geschwister legen eine Spur von Brotbröserln, um sich an den Weg zu erinnern, und geraten schließlich in die Falle einer bösen Hexe. Diese Geschichte hat den Begriff »Breadcrumbing« im Dating geprägt. Ein Bröserlverteiler legt quasi Spuren, um eine Frau anzulocken. Am Ende der Geschichte finden sich dann viele zwar nicht in den Fängen einer Hexe wieder, dafür aber in einem Becken voller Bröserl.

Ein Exemplar dieser Gattung meldet sich mit kürzest möglichem Inhalt und wirft dir ein einfaches »Hi« oder ein kleines Kuss-Emoji per WhatsApp als Bröserl hin. Mehr Konversation mit dir will er nämlich gar nicht. Wenn ein Mann Bröserl verteilt, hat er in keinster Weise ernsthaftes Interesse an einer Beziehung mit dir, sondern holt sich durch dein wiederholtes Anbeißen nur einen Selbstwert-Push und Aufmerksamkeit. Der Bröserlverteiler schenkt dir gerade genug Energie, um dein Interesse an ihm aufrechtzuerhalten, aber er gibt nicht mal ansatzweise alles (kurzer Spoiler: was der Richtige tun würde). Das Ganze ähnelt dem Ghosting und zeigt einfach das sehr inkonsequente Verhalten eines Mannes, der mal auftaucht und ganz schnell wieder abtaucht.

Typische Merkmale für einen Bröserlverteiler
◇ Er meldet sich nur, wenn er möchte, und das mit geringstem Aufwand.

◇ Er reagiert mehrere Tage oder Wochen lang nicht auf Nachrichten oder Anrufe und kehrt dann plötzlich wieder zurück, ohne sein Verschwinden zu erklären.

◇ Er hinterlässt vage Aussagen wie »Das sollten/könnten wir mal einplanen«.

◇ Er hat kein ernsthaftes Interesse an dir.

◇ Er hat keine Lust, sich zu binden.

◇ Er sendet gemischte Signale.

◇ Er will dein Interesse aufrechterhalten, auch wenn er keine wirklichen Pläne hat, die Sache voranzutreiben.

◇ Er öffnet sich dir nicht mehr als notwendig und die Unterhaltungen bleiben immer oberflächlich.

◇ Er hat einfach Langeweile.

Warum gerätst du an den Bröserlverteiler?
1. Du bist dir deiner Standards nicht klar.
2. Du suchst nach der Wertschätzung anderer Menschen.
3. Du bist noch nicht bereit für eine ernsthafte Beziehung.
4. Du gibst dich mit dem Minimum zufrieden.
5. Du denkst, dass es nichts Besseres gibt.
6. Du stehst nicht zu dir.
7. Du weißt nicht, was eine ernsthafte Beziehung wirklich bedeutet.
8. Du denkst, dass sich aus seinem geringen Interesse noch mehr entwickeln wird.
9. Du denkst, dass dieses Verhalten ganz normal ist.
10. Du hast Angst, Grenzen zu setzen.

Was kannst du tun, um dieses Männer-Muster zu durchbrechen?

Wenn ein Mann immer wieder Bröserl verteilt, heißt das übersetzt: Er gibt dir nicht mehr als zehn Prozent und das bedeutet wiederum, dass 90 Prozent deiner Bedürfnisse, Standards und Wünsche mit ihm niemals erfüllt werden. Solang du seine Bröserl jedoch noch annimmst, kann er auch so weitermachen. Das spornt ihn oft sogar an, weil er dadurch ja deine Aufmerksamkeit bekommt. Und genau damit ist jetzt Schluss, Sis.

Drei Worte: Kenne deinen Wert! Und weitere vier Worte: Fokus zurück zu dir! Hol dir deine verdammte Göttinnen-Macht zurück. Übernimm die Verantwortung für dein Leben. Gib dich (bitte) nicht mehr länger mit Bröserl zufrieden. Steh zu dir und zu dem, was du willst. Du musst wirklich nicht mehr auf ein belangloses »Hi!« antworten und darfst das ab sofort unkommentiert lassen. Darfst aussteigen, Grenzen setzen und dir bewusst werden, dass du das große Ganze verdienst. Als High-Value-Frau willst du keinen Mann, der sich so verhält. Ein Bröserlverteiler ist niemals der Richtige für dich. Der Richtige verteilt keine Bröserl. Der möchte dir (mindestens) ein Sieben-Gänge-Menü deluxe servieren und mit dir gemeinsam das romantischste Date (Leben) genießen.

Der Freundschaft-plus-Mann

»Sorry Babe, für eine Beziehung reichen meine Gefühle zu dir nicht aus, aber ich mag dich und bin für was Locker-Flockiges offen. Lass uns doch Freunde sein und ab und zu ein bisserl mehr als kuscheln.«

Dieser Typ Mann sagt meist ganz ehrlich, dass er keine feste Partnerschaft möchte, aber gern mit dir bumsen will. Auch ab und zu Zeit mit dir zu verbringen, kann er sich gut vorstellen – jedoch ohne die Verpflichtungen einer exklusiven Beziehung. Ihm fehlen die Verliebtheitsgefühle, damit es für eine echte Beziehung reicht. Er als Mann kann Gefühle und Sex sehr gut voneinander trennen. Körperliche Anziehung ist für ihn genug, um mit dir ins Bett zu gehen. Sobald du jedoch Gefühle entwickelst, es kompliziert wird, du zu klammern beginnst oder Forderungen stellst, zieht er sich, im wahrsten Sinne des Wortes, aus der Affäre, denn mehr ist dieses Gspusi nicht.

Auch hier gilt: Eine Frau, die ihren Wert kennt, lässt sich nicht in die Friendzone stecken. Entweder ganz oder gar nicht. Sie weiß, dass sie eine tiefe Verbindung und emotionalen Respekt verdient. Sie sehnt sich nach einer exklusiven Beziehung, in der sie als Partnerin geliebt und wertgeschätzt wird, und lässt sich nicht auf halb warme Geschichten ein.

Typische Merkmale des Freundschaft-plus-Mannes
◇ Es geht ihm rein ums Vergnügen.
◇ Er möchte sich nicht auf eine Frau allein (dich) beschränken.
◇ Er will seine Freiheit nicht aufgeben.
◇ Er ist nicht verliebt in dich.
◇ Er pickt sich die Rosinen raus – Sex ja, Verbindlichkeit nein.
◇ Er sieht dich nur als sexuelles Wesen.
◇ Er verpackt die Affäre mit dir in ein hübsches Packerl namens »Freundschaft plus«. (Aber ein Scheißhaufen mit Mascherl drauf bleibt immer noch ein Scheißhaufen.)
◇ Er hat den Eindruck, du bist sexuell schnell verfügbar und auf Wunsch abrufbar.
◇ Er interssiert sich nur für Sex. Geistige und intellektuelle Nähe sucht er bei dir nicht.

Warum gerätst du an einen Freundschaft-plus-Mann
1. Du stehst nicht zu deinen Standards.
2. Du springst auf Männer an, die dir nicht nachlaufen.
3. Du hast dich bereits verliebt und Angst, ihn zu verlieren.
4. Du hoffst, ihn doch noch von dir überzeugen zu können, wenn ihr euch nur nah genug seid (und du ihm zeigst, was für eine Granate du im Bett bist).
5. Du wirfst dich nicht als Frau für eine feste Beziehung ins Rennen.
6. Du hast Angst vor echter Bindung.
7. Du überhörst, dass er keine Partnerschaft möchte.
8. Du bleibst lieber in der Komfortzone, als dich deinen Mustern zu stellen.
9. Du schaffst es nicht, ihn zu verlassen, weil das Gefühl der Vertrautheit so stark ist.

Was kannst du tun, um dieses Männer-Muster zu durchbrechen?

Wenn du an einen Mann gerätst, der nur Freundschaft plus mit dir möchte, hör jetzt mal für einen Moment ehrlich in dich hinein und frag dich: Was möchte ich wirklich, wenn alles möglich ist? Habe ich den Mut, auszudrücken, was ich wirklich will? Trau ich mich, dem Mann meine echten Gefühle zu zeigen? Schaff ich es, meine Standards zu halten?

Es kann ganz schön Angst machen, alles von dir preiszugeben – wo du dich vielleicht so gern schützen möchtest. Schützen vor der Angst, verletzt, abgelehnt oder verlassen zu werden. Vor zu viel Nähe. Oder davor, dass deine Liebe nicht erwidert wird.

Doch wenn du dich tief in deinem Herzen nach dieser wunderschönen Liebesbeziehung sehnst, darfst du auch signalisieren, dass du eine Frau für eine dauerhafte Beziehung bist. Gib dich nicht mit weniger zufrieden. Lass dich auf keine Bettgeschichte ein, wenn du das nicht willst. Lern, »Nein« zu sagen und auszusprechen, was du wirklich möchtest: »Ich mag dich richtig gern und merk, dass ich starke Gefühle für dich entwickle, wenn wir eine sexuelle Beziehung miteinander haben. Ich kann mir mehr mit dir vorstellen, möcht aber keine Freundschaft plus.« Ein echter Mann wird deine Offenheit und deinen Mut immer sehr respektieren.

Kenn deine Standards. Sie sind deine kristallklare Ausrichtung, die dich liebevoll führen. Du bist so eine großartige Frau und musst dich definitiv nicht auf oberflächliche Spielereien einlassen. Du verdienst das große Ganze – echte Bindung, Liebe und Loyalität. Du verdienst einen Mann, der sich voll zu dir bekennt.

Der Bad Boy

Er ist der Typ, vor dem dich deine Mutter immer gewarnt hat. Der Typ, für den du dich nachts aus dem Haus schleichst, mit dem du die wildesten Partys feierst, den du einfach unwiderstehlich sexy findest, mit dem du leidenschaftliche Nächte verbringst. Und der dir immer wieder aufs Neue dein Herzerl bricht. James Bond, James Dean, Jeffrey Morgan in »The Walking Dead«, Brad Pitt in »Fight Club«, Elvis Presley, der wilde Nachbar auf dem Motorrad. All diese bösen Buben können die Frauenwelt schon richtig faszinieren und anziehen. Whatcha gonna do, when they come for you?

Typische Merkmale eines Bad Boy
◇ Er ist rebellisch und wild.
◇ Er tut so, als ob er sich nicht um Moral oder Werte schert.
◇ Er spielt heiß und kalt.
◇ Er ist für viele Frauen ein Rätsel, das es zu lösen gilt.
◇ Er ist sexy und attraktiv.
◇ Er genießt seine Freiheit.
◇ Er bleibt unverbindlich, wenn es um Beziehung geht.
◇ Er denkt, dass alle Männer so sein wollen wie er und alle Frauen mit ihm zusammen sein möchten.

Warum gerätst du an den Bad Boy?
1. Du bist selbst emotional nicht verfügbar.
2. Du fühlst dich angezogen vom Unverbindlichen.
3. Du denkst, ihn retten zu müssen.
4. Du bist zu sehr in der »Good girl«-Rolle gefangen.
5. Du denkst, ihn reparieren zu müssen.

6. Du stellst optische Reize über emotionale Bindung.
7. Du hast Angst, dass alle anderen Männer für dich zu langweilig sind.
8. Du bist dir noch nicht ganz sicher, was du dir wirklich für deine zukünftige Beziehung wünschst.
9. Du denkst, er beschützt dich, und du fühlst dich bei all der Männlichkeit, die er ausstrahlt, sicher.
10. Du denkst, er ist dein Projekt, und du lenkst dich mit ihm unbewusst von dir selbst ab.
11. Du hast gelernt, dass Liebe gleichzeitig Drama bedeutet, und verbindest aufgrund deiner vergangenen Erfahrungen, dass Beziehungen kompliziert und problembehaftet sind.

Was kannst du tun, um dieses Männer-Muster zu durchbrechen?

Wenn der »Bad-Boy-Radar« auf dich zutrifft, dann darfst du dich mal ganz bewusst für die Männer öffnen, bei denen der Funke zunächst nicht direkt überspringt. Auch wenn ein Mann zunächst langweilig für dich erscheint, kann sich dahinter so viel mehr verstecken: ein beziehungswilliger Mann zum Beispiel. No Drama heißt nicht gleich uninteressant. Ganz im Gegenteil. Bei so vielen Frauen um uns herum war der Richtige ganz anders als gedacht. Und weißt du warum? Weil es ums Herz geht. Ums Gefühl. Ums Menschsein. Um eure Energien. Um die Chemie zwischen euch.

Du darfst dich für die ganz normale (wilde) Beziehung bereit machen und dich von unerreichbaren Männern verabschieden, die sich nicht ernsthaft für dich interessieren. Auch wenn das Verbotene so reizvoll sein kann, zeigt dir der Bad Boy, dass du selbst deine heißblütige, ungezähmte Amazoninnen-Seite noch nicht genug beziehungsweise auf ungesundem Weg auslebst.

Was bedeutet es für dich, deine hemmungslose, freie und sinnliche Seite auszuleben? Wo hältst du dich noch zurück? Spür dort mal hin.

Werd dir bewusst, dass dieser Männer-Typ kein Fall für eine ernsthafte Beziehung ist. Ein Bad Boy möchte sich nicht binden und ist durch sein Verhalten auch nicht fähig, eine stabile Partnerschaft aufzubauen und zu führen. Sein Freiheitsdrang überwiegt und das wirst auch du nicht ändern können, Sis. Überleg dir stattdessen, was du für deine zukünftige Beziehung möchtest. Sobald du dir darüber richtig klar bist, werden die vermeintlich unspektakulären Männer auf einmal die, die unendlich anziehend sind. Und glaub uns, sobald du deinen Richtigen an deiner Seite hast, wirst du mit ihm noch die heißesten Abenteuer und die leidenschaftlichsten Nächte erleben. Euer Leben lang.

Der Affären-Mann

Bill Clinton – erfolgreich, gut aussehend, reich und: verheiratet. Genau aus diesem Grund war er nichts für Monica Lewinsky und ist auch nichts für dich. Bei dieser Gattung von Mann sagen wir ganz klar: Hände weg! Auch wenn das Spiel mit dem Feuer sehr reizvoll sein kann, verbrennst du dir dabei mit Sicherheit deine hübschen Finger beziehungsweise sind Herzschmerz und Probleme so was von vorprogrammiert. Bedenke: Eine Frau, die ihren Wert kennt, möchte definitiv keinen Mann, der bereits vergeben ist.

Typische Merkmale des Affären-Mannes
◇ Er ist in einer Beziehung mit einer anderen Frau.
◇ Er ist verheiratet.
◇ Er ist vergeben.
◇ Er ist emotional nicht verfügbar.
◇ Er ist nicht frei für eine Beziehung mit dir.
◇ Er fühlt sich oft von der Unabhängigkeit und Leichtigkeit einer ungebundenen Frau angezogen.

◇ Er flüchtet aus dem Alltagstrott und vor den Erwartungen, die er erfüllen muss.

◇ Er hat nicht die Eier, entweder an seinen Beziehungsproblemen zu arbeiten oder sich aus einer unglücklichen Partnerschaft zu lösen.

Warum gerätst du an einen Affären-Mann?
1. Du bist selbst emotional nicht verfügbar.
2. Du kennst deine Standards nicht.
3. Du setzt keine Grenzen.
4. Du vermeidest unbequeme Fragen.
5. Dich reizt der Flirt mit vergebenen Männern.
6. Du glaubst nicht, das große Ganze zu verdienen.
7. Du fühlst dich zu ihnen hingezogen, weil du denkst, Männer können sowieso nicht treu sein.

Was kannst du tun, um dieses Männer-Muster zu durchbrechen?
Du lernst einen Mann kennen, der sich noch mit anderen trifft? Dann ist er nichts für dich! Sprich deine Wahrheit und steh zu deinen Standards. Du bist eine Frau, die eine feste und exklusive Beziehung möchte, und das darfst du ganz klar und liebevoll kommunizieren und vor allem zeigen, indem du dich nicht auf ihn einlässt. Vergiss niemals: Dein Richtiger ist bereit und frei und möchte dich kennenlernen und keineswegs noch andere Frauen parallel treffen.

Wenn du dich immer wieder zu vergebenen Männern hingezogen fühlst (und hier ein Muster laufen hast), stell dich mal für einen Moment vor den Spiegel, schau dir in die Augen und frag dich aus deiner Göttinnen-Energie heraus: Welcher Teil in mir sucht nach Aufmerksamkeit? Und: Warum möchte ich einen Mann, der nicht frei ist? Du wirst überrascht sein, welche wertvollen und ehrlichen Antworten aus dir rauskommen.

Es ist so wichtig, dass du an deinem Selbstwertgefühl, deiner Selbstannahme und an deiner Selbstfürsorge arbeitest. Schenkst du dir selbst genug Aufmerksamkeit und bist du wirklich bereit, dich voll und ganz auf einen (freien) Mann einzulassen?

Solltest du in der Vergangenheit die Erfahrung gemacht haben, dass Männer (Vater, Ex-Partner, …) nicht treu sein können, dann darfst du hier ansetzen und dich von diesem Glaubensmuster befreien. Und ja, manchmal braucht es dafür professionelle Unterstützung von außen.

Wenn du in Zukunft mit einem Mann ausgehst, frag ihn direkt und am besten noch vor eurem ersten Date nach seinem Beziehungsstatus und danach, was er sucht. Und trau dich auch, ihm klar mitzuteilen, was du dir für eine Beziehung wünschst.

Manchmal stellen Frauen nicht gern zu viele oder unbequeme Fragen, weil sie locker und lässig wirken wollen und Schiss haben, einen Mann abzuschrecken. Übernimm die volle Verantwortung dafür, wen du wählst. Anziehung ist das eine, aber dich für einen vergebenen Mann zu entscheiden, ist das wirkliche Problem.

Der Richtige

Der Richtige ist die Verkörperung dessen, wonach wir uns alle so sehr sehnen. Er steht für die bedingungslose Liebe, nach der du suchst. Der Mensch, mit dem du dich eins und angekommen fühlst. Und auch wenn du schon immer vollständig warst, wirst du im Zusammensein mit ihm genau an dieses archaische Gefühl des Ganzseins erinnert.

Der Richtige ist der Mann an deiner Seite, mit dem du herzhaft lachen kannst und auch mal schlechte Tage hast. Der Richtige ist der, mit dem du dein Essen teilst. Oder der, dem du das letzte Stück Pizza wegisst. Er ist der, mit dem du streitest und immer wieder einen Kompromiss findest. Er ist es, der dir während eurer gemeinsamen Lieblingsserie schmutzige Dinge ins Ohr flüstert. Und der dich auch mit unrasierten Beinen, Cellulite und all deinen wundervollen Eigenarten liebt, genau so, wie du bist. Er ist derjenige, der sich jeden Tag wieder für dich und eure Beziehung entscheidet, weil er nichts anderes möchte, als das ganze Leben mit dir zu verbringen. Und noch so viel mehr.

Du kannst nicht wählen, wen du liebst. Es passiert schicksalhaft ganz von selbst. Ein Wunder. Wie die Erde, die sich um die Sonne dreht. Aber du wählst, ob du dich auf deinen Richtigen einlassen möchtest. Einlassen, mit allem, was zu dir, zu ihm und zu euch gehört. Und diese Wahl darfst du während der gesamten Beziehung immer wieder und immer wieder aufs Neue treffen. Du darfst dich jeden Tag bewusst für deinen Partner entscheiden. Du darfst lernen, dich auf einen anderen Menschen voll einzulassen und aus ganzem Herzen zu lieben.

Vergiss nie: Es gibt nicht den perfekten Mann da draußen. Es geht darum, den Mann anzuziehen, der genau so sehr in eure Beziehung investieren möchte wie du. Der daran arbeiten will, dass es genau die Beziehung ist, die ihr euch beide so sehr wünscht. Es geht um dieses »Ja« für den anderen. Von beiden Seiten. Geben beide ein »Ja«, ist die schönste Beziehung möglich. Für euer ganzes Leben. Dein perfektes unperfektes Selbst wird einen perfekt unperfekten Partner anziehen und ihr werdet eine perfekt unperfekte Beziehung führen. Genau das ist es dann, was die wahre Liebe mit dem Richtigen ausmacht.

Typische Merkmale des Richtigen
- ◇ Er ist frei und bereit für eine Beziehung mit dir.
- ◇ Er steht mit beiden Beinen fest im Leben.
- ◇ Er zeigt echtes Interesse an dir und deinem Leben.
- ◇ Er ist offen und ehrlich zu dir.
- ◇ Er spielt keine Kalt-warm-Spielchen.

◇ Er sagt und zeigt dir, was er für dich empfindet, und fühlt sich niemals zu cool, um dir zu sagen, wie sehr er dich liebt.

◇ Er hat ähnliche Ziele und dieselben Grundwerte wie du.

◇ Er macht Pläne für die Zukunft und denkt dabei an dich.

◇ Er ist nicht an anderen Frauen interessiert.

◇ Er lässt sich voll und ganz auf dich ein und hält sich keine Optionen offen (ja, er deaktiviert auch Tinder und Co).

◇ Er ist vielleicht ganz anders, als du denkst, und entspricht nicht immer deinem Beuteschema.

◇ Er ist genauso normal und unperfekt wie du.

Warum gerätst du an den Richtigen?
1. Du zeigst dich echt und verletzlich.
2. Du bist bereit, dein wahres Ich mit deinem Partner zu teilen.
3. Du bist bereit, dich voll und ganz auf einen Partner einzulassen.
4. Du bist bereit für das große Ganze.
5. Du stehst zu deinen Standards.
6. Du weißt, dass Beziehung stetige Arbeit und Selbstreflexion bedeutet.
7. Du erkennst, dass Konflikte und Herausforderungen in der Beziehung nicht unbedingt ein Zeichen dafür sind, die Beziehung zu beenden. Du bleibst auch in schwierigen Zeiten in der Beziehung und flüchtest nicht.
8. Du verstehst, dass Kommunikation und viel Engagement von dir und deinem Partner vonnöten sind, um eine erfüllte Beziehung zu leben.
9. Du bist bereit, deinen Partner so zu akzeptieren, wie er wirklich ist.

10. Du nimmst es hin, dass eine Beziehung nicht an Banalitäten scheitert.
11. Du nörgelst nicht ständig an ihm herum (egal, ob er das Kaffeehäferl in die Abwasch stellt oder nicht).
12. Du hast dich von der Liste des perfekten Partners getrennt und deine unrealistischen Erwartungen heruntergeschraubt – das ist nicht das Gleiche wie deine Standards.

Was kannst du tun, um deinen Richtigen anzuziehen?
Ganz einfach: Du selbst sein. Du musst nichts tun oder irgendeine Strategie verfolgen, damit er in dein Leben kommt. Das Wichtigste machst du bereits. Nämlich unser Buch lesen und dich mit dir und deiner Bereitschaft für die Liebe beschäftigen. Du darfst dich jetzt entspannt zurücklehnen und dich einfach auf deinen Schatz freuen.

Meine Erkenntnis aus diesem Kapitel

Spür für dich noch mal ganz bewusst in folgende Reflexionsfragen rein und beantworte sie am besten schriftlich:

◇ Was lasse ich los?

◇ Was nehme ich mir mit?

◇ Was setze ich um?

Und jetzt notier dir deine Erkenntnis. Was auch immer sich bei dir zeigt, es ist genau richtig. Das kann ein Wort, ein Satz oder ein Symbol sein.

....

....

....

....

....

....

....

....

Uuuuuuuh, spürst du bereits die Dating-Vibes? Wir auch. Denn in diesem Kapitel dreht sich alles um dein erfolgreiches (vielleicht sogar allerletztes) Date und wie du deinen Richtigen findest – spielerisch, traditionell und ohne Onlinedating-App.

Wir räumen die Ungeduld, das »Kleinmachen« und sämtliche Red Flags zur Seite und läuten die »Bums-nicht-so-schnell-Regel« ein. (Spoileralarm: Es spricht rein gar nichts gegen Sex, wenn man das will. Aber auf der Suche nach IHM solltest du damit besser ein bisschen warten.) Wir achten auf dein Herz, deine Seele und dein wertvolles, hübsches Döschen (ja, deine Pussy meinen wir).

Dating darf Spaß machen und die Kennenlernphase darf sich langsam und entspannt entwickeln. Wir möchten ganz viele Dinge normalisieren und dir den Weg ebnen, um ganz natürlich und mit deiner weiblichen Anziehungskraft die romantische Liebe in dein Leben einzuladen.

Dein Richtiger ist bereits da. Ganz nah. Quasi nur noch eine Entscheidung entfernt. Und zwar die Entscheidung, dich so richtig auf die Liebe ein- und die letzten Schutzmauern und Blockaden fallen zu lassen.

Weißt du, dieser Mann sehnt sich gerade genauso sehr nach dir wie du dich nach ihm. Er möchte dasselbe wie du. Er hält beim Einkaufen, beim Sport, beim Spazierengehen genauso Ausschau. Er wünscht sich dieselbe Liebe wie du. Also holen wir ihn uns, oder? Beziehungsweise laden wir ihn weiblich magnetisch in dein Leben ein. Bist du dabei? Das dachten wir uns bereits, du sexy Sister. Uns würde nicht wundern, wenn nach diesem Kapitel schon ganz bald die Hochzeitsglocken läuten. Aber mal ganz langsam und Schritt für Schritt – das macht schließlich Weiblichkeit und Slow Dating aus.

Who run the world?
Goddesses! Die weibliche, einladende Energie beim Flirten

♡ ♥ ♡ ♥ ♡ ♥ ♡ ♥ ♡ ♥ ♡ ♥ ♡ ♥ ♡ ♥ ♡ ♥ ♡ ♥ ♡ ♥ ♡ ♥ ♡ ♥ ♡ ♥

Darf ich als Frau den ersten Schritt machen, wenn mir ein Mann gefällt? Darf ich ihm direkt antworten, wenn er mir schreibt, oder soll ich ihn ein bisserl zappeln lassen? Darf ich ihm mein Interesse offen zeigen oder ist es besser, mich rar zu machen? Darf ich Date-Vorschläge machen oder muss ich das ausschließlich ihm überlassen? Welche Regeln muss ich unbedingt beachten, damit es mit dem Traummann klappt?

Pfuh, da steigt uns die Grausbirn auf, so anstrengend ist das schon beim Lesen. Dating kann echt verdammt kompliziert und hart sein, wenn du (Achtung, jetzt kommt's), nicht in deiner weiblichen Energie bist. Genau dann ist das Kennenlernen nämlich statt leicht, freudvoll und spielerisch einfach nur noch mühsam und frustrierend. Du hast dann das Gefühl, in diesem Dating-Game irgendwas nicht verstanden zu haben. Oder du kippst komplett in die Rolle, etwas tun zu müssen, damit es endlich klappt, und rutscht vom entspannten »Passt scho!« ins verkrampfte »Damma wos!« Du krempelst, bildlich gesprochen, die Ärmel hoch und denkst, dass du es bist, die die Sache vorantreiben muss, damit der Kerl nicht wieder ins Nirwana verschwindet.

Damit darf nun endgültig Schluss sein, denn wir führen dich *papapapam* (dramatische Musik): in die Kunst des weiblichen Datens ein. Ab sofort darfst du endlich (endlich, endlich, endlich) in den Genuss von schönen, entspannten und gelungenen Dates kommen. Wir aktivieren deine natürliche feminine Anziehungskraft und er schmilzt dahin wie Schokoladeneis in der Sommersonne – einfach, weil du du bist. Sexy, magisch, wild, weich, weiblich und so was von unwiderstehlich. Es ist deine weiche, verletzliche, emotionale Seite, die die Liebe in dein Leben kommen lässt und das, was deine pure Weiblichkeit ausmacht. Genau dann bist du voll in deiner Power. In deiner Mitte. In deiner Schöpferkraft. Dann wirkst du auf Männer wie ein Magnet. Und zwar für leiwande Männer. Beziehungs-Männer. Männer, die dich auf Händen tragen möchten.

Was ist denn der Unterschied zwischen männlicher und weiblicher Energie?

Die männliche Energie, wie wir sie verstehen, ist die des Vorwärtsgehens, des Handelns, des Durchsetzens und des Erreichens von Zielen. Im Gegensatz dazu bedeutet weibliche Energie sich zurückzulehnen und zu empfangen. Sie lässt zu, dass sich das Leben fließend entfaltet. Bist du in deiner weiblichen Energie, kannst du viel besser den gegenwärtigen Moment genießen und darauf vertrauen, dass alles richtig ist, wie es ist.

Empfangen ist Weiblichkeit in Aktion
Weiblichkeit bedeutet, zu empfangen und sich zurückzulehnen, aber nicht in einer passiven Haltung, sondern in einer einladenden Energie. Du empfängst den Mann, bist offen für ihn und verbindest dich mit ihm. Du stellst eine weibliche Herz-zu-Herz-Verbindung her, ohne Erwartung und ohne führen zu wollen. Halt es aus, mit ihm zu sein, und versuch nicht ins Performen zu rutschen – auch wenn du aufgeregt bist. Sei präsent, sei im Moment und halt den Raum. Erlaub ihm, der Mann zu sein und dir zu zeigen, wer er ist. Und ja, es ist an dir, zu entscheiden, ob du dich noch mal mit ihm treffen möchtest oder nicht.

Viele Frauen haben das Gefühl, sie müssten sich bei einem Date wie in einem Bewerbungsgespräch und beweisen und von ihrer besten Seite zeigen. Aber das musst du nicht, Liebes: Du bist genug und darfst das Beste erwarten. Natürlich darfst du dich von deiner besten Seite zeigen. Aber damit meinen wir nicht, dass du dich beweisen oder etwas darstellen musst, sondern, dass du mit dir im Reinen bist. Und ja, manchmal müssen wir dafür auch unsere Hausaufgaben machen, unsere Muster anschauen und heilen, was uns in der Vergangenheit verletzt hat. Um den Mann nicht für unsere alten Verletzungen bezahlen zu lassen und um die Liebe genießen zu können. Wir dürfen lernen, uns selbst anzunehmen, wie wir sind, und dadurch in eine entspannte, in uns ruhende, weiblich-fließende und liebevolle Energie zu kommen.

Lad ihn ein – die magische Kraft des Empfangens

Gleich mal vorweg: Beim Daten eine Frau zu sein, ist so ein wunderbares Geschenk. Du darfst dich einfach entspannt zurücklehnen und ihm dabei zusehen, wie er dir seine Liebe und Hingabe zeigt und dich umwirbt. Wie cool ist das denn, oder? Als Frau musst du wirklich nicht viel tun. Alles, was du tun musst, ist, einfach »zu sein« – du selbst zu sein und zu beobachten, wie er für dich alle Berge dieser Welt versetzt, um mit dir zusammen sein zu dürfen.

»So einfach soll das gehen!? Hab ich so noch nie erlebt«, denkt es jetzt wahrscheinlich in dir und wir sagen: »JA! So einfach und noch viel, viel einfacher.« Die Frau empfängt, der Mann gibt. Das ist ein natürliches Spiel, das schon vor unserer Geburt startet: Der Samen schwimmt zur Eizelle! Nicht umgekehrt.

Der Samen bringt die Blumen und möchte unter Millionen anderen Mitstreitern die Eizelle erobern und alles geben, um sie zu erreichen und ein Teil ihres Lebens zu sein. Er benötigt dabei keine Unterstützung oder irgendwelche strategischen Hilfsmittel der Eizelle, um am Ziel anzukommen. Er kommt einfach mit seinem kleinen Schwänzchen (okay, das klingt jetzt doch ein bisserl zweideutig) dahergeschwommen. Und die Eizelle ist entspannt und wählt den für sie passenden Samen aus.

Also bitte, schönste Göttin, pack all deine Eroberungsstrategien ein und lehn dich ganz entspannt zurück. Du musst den Mann nicht davon überzeugen oder ihm dabei helfen, sich in dich zu verlieben. Er möchte von selbst zu dir kommen, sobald du als Frau das Go gibst und die Einladung zum Kennenlernen aussendest.

Was bedeutet das?

Die Einladung
◇ Die Frau schafft energetisch den Raum.
◇ Die Frau gibt ein Signal.
◇ Die Frau mag passiv erscheinen, ist es aber nicht.
◇ Die Frau wählt am Ende aus.

Daraufhin unterbreitet ihr der Mann ein Angebot und wartet, ob sie ihn näherkommen lassen möchte.

Das Angebot
◇ Er antwortet auf ihre Einladung.
◇ Er wird von ihrer natürlichen Ausstrahlung angezogen (hat nichts mit der Optik zu tun).
◇ Er gibt zuerst (einen Drink, ein »Darf ich dich einladen?«, ein »Ich möchte dich kennenlernen.«).
◇ Er genießt es, ihr geben zu dürfen.

Lass uns mal detaillierter eintauchen.

Was bedeutet »sie lädt ihn ein«?
- ◇ Sie ist in einer offenen, einladenden Energie.
- ◇ Sie ist bereit für einen Flirt.
- ◇ Sie stellt Augenkontakt her.
- ◇ Sie schenkt ihm ein Lächeln.
- ◇ Sie sagt flirtig »Hallo!« zu ihm.
- ◇ Sie sendet die erste Nachricht (ja, auch das ist weiblich).
- ◇ Sie bittet um Hilfe (auch wenn sie sich selbst sehr gut zu helfen weiß *Zwinkeremoji*; um Hilfe zu bitten ist seeeehr sexy für den Mann)
- ◇ Sie äußert den Wunsch, auf ein Date eingeladen zu werden.

Wichtig dabei: Achte auf eine offene Körper- und Herzsprache. Versuch dich nicht zu verschließen und die Lady Cool zu spielen. Männer schreckt es regelrecht ab, wenn eine Frau arrogant, abweisend oder desinteressiert wirkt. Das ist mitunter der größte »Fehler«, den Frauen aus Unsicherheit machen.

Wir haben eine Freundin, die immer (unbewusst) ihre Arme vor der Brust verschränkte und den Todesblick aufsetzte, sobald ein Mann in ihrer Nähe war, der ihr gefiel. Sie wunderte sich lange Zeit, warum sie einfach nie (nie!) jemand ansprach. Bis wir sie auf ihre unnahbare Körpersprache aufmerksam machten. Sie wollte das so nicht mehr und übte, offen zu bleiben. Offen mit ihrem Körper, offen mit ihrem Blick, offen mit ihrer Energie. Plötzlich haben regelmäßig nette Männer bei ihr angebandelt. Und seit mittlerweile sechs Jahren ist sie in einer liebevollen Beziehung.

Der Mann möchte sehen und darf spüren, dass er von dir weiblich eingeladen wird und du offen für einen Flirt mit ihm bist. Lass uns also mal den energetischen Kreislauf (auch Energiespiel genannt) zwischen Mann und Frau beim Daten ein bisserl genauer beleuchten. Lust auf ein paar veranschaulichende Beispiele?

Beispiel 1
Eines schönen Abends traf sich Julia mit ihrer Arbeitskollegin Anna in einer Bar auf einen Afterworkdrink. Sie waren in einer entspannten, ausgelassenen Stimmung, als Julia am anderen Ende des Raums einen interessanten Mann sah. Sie war bereit für eine kleine Schäkerei und warf ihm ein nettes Lächeln zu (die Frau schafft mit ihrer Energie ein Feld der Einladung: »Ja, du darfst zu mir kommen.«).

Der fesche Kerl nahm ihre Blicke (die Einladung) wahr (er spürt energetisch und unbewusst den Raum, den sie für ihn geöffnet hat) und sein Interesse war geweckt. Er kam rüber zu den beiden und fragte, ob er sie auf einen Drink einladen dürfte (der Mann antwortet auf die weibliche Energie, indem er ein Angebot macht).

Wichtig bei der weiblichen einladenden Energie: Sie ist spielerisch. Voller Freude und Spaß. Leicht. Ohne Druck. Ohne Erwartungen. Ohne Bedürftigkeit. Ohne Angst. Und ohne Muss (»Er muss es sein.«).

Beispiel 2
Andrea tauscht seit zwei Wochen mit einem Mann, der sie auf Instagram angeschrieben hat, Nachrichten aus. Die beiden verstehen sich gut und flirten miteinander. Sie möchte ihn nun aber gern im realen Leben treffen und ihn richtig kennenlernen. So teilt sie ihm (spielerisch, keck) ihren Wunsch mit: »Ich würde mich freuen, wenn du mich zu einem Date einlädst. Ich hätte Ende der Woche Zeit.« (Weibliche Einladung) Daraufhin antwortet er (mit seinem männlichen Angebot): »Okay, toll. Das freut mich sehr und ich werde etwas für uns planen und dich abholen. Freitag, 19 Uhr passt für dich?« Ja, so läuft das mit der weiblichen Magie.

Die Frau öffnet mit ihrer Bereitschaft den Raum. Der Mann gibt. Die Frau empfängt. Das Männliche führt, das Weibliche folgt, im Sinne von: Ja, das interessiert mich. Ich schau mir weiter an, wie er mich erobern möchte.

Sobald die Frau empfangen hat und sich vom Mann erobert, begehrt, wertgeschätzt, geehrt fühlt, gibt sie ihm etwas zurück. Wieder spielerisch und das, was sich richtig anfühlt. Sie gibt nicht etwas zurück, weil sie das Gefühl hat, es ausgleichen oder ihm zurückzahlen zu müssen. Sie gibt niemals aus »das sollte ich, sonst ist er weg« oder weil sie sich schuldig fühlt. Sie gibt aus ihrem erfüllten, liebevollen, weiblichen Verlangen heraus.

Wie geb ich zurück?

Für ihn kochen, ihm eine Nackenmassage geben, ein Kompliment machen, ein Überraschungs-Date überlegen, ein kleines Zettelchen mit einer liebevollen Botschaft in seiner Jacke verstecken, einen Kuchen backen, ein kleines Geschenk machen, eine süße Gute-Nacht-Nachricht …

Schenk ihm das, was du gern geben möchtest, das dir Freude bereitet und das du aus Liebe heraus machst. Etwas, das ihn deine Wertschätzung für ihn spüren lässt. Auf diese Weise fließt die Energie zwischen dir und ihm ganz natürlich. Und so fühlt ihr euch beide gesehen, genährt und wertgeschätzt.

Tipp: Probier dich mal ganz ungezwungen aus und spiel mit deiner weiblichen Energie – ohne, dass was »passieren« muss. Wie fühlt sich das an, in deiner weiblichen Energie zu sein und sie mal einfach und ganz leicht auszusenden? Das nimmt oftmals viel Druck und öffnet das Feld.

Übrigens: Für Männer ist es immer am schönsten, wenn sie freiwillig für dich da sein und dich unterstützen können. Es ist also gar nicht notwendig, ihn mit Druck oder Strategien zu irgendetwas zu bewegen.

Herzilein, du musst nichts tun, damit er sich in dich verliebt. Du darfst dich entspannen, dich zurücklehnen und deinen Prozess genießen. Beim Richtigen entwickelt sich alles fließend, intuitiv und von selbst. Dein Richtiger wird dich erobern, dich einladen, dich ausführen, sich regelmäßig bei dir melden, weil er es anders gar nicht aushält. Er wird sich immer und immer und immer wieder etwas Neues überlegen, damit er dich endlich wiedersehen kann, dich wie eine Königin behandeln, dich lieben, wie du bist. Großartig, wundervoll, einzigartig, besonders, königlich, DU!

Und bis du deinem Richtigen begegnest, darfst du all das an dir selbst üben und dich mit Liebe umhüllen. Wie sagen wir immer so schön: Du bist es wert, wie eine Königin behandelt zu werden. Zuallererst von dir selbst. Dann spiegelt dir das auch die Welt zurück.

Rot, rot, rot sind alle seine Fahnen

»Sag mal, ziehst du diese Hose öfters an?«, fragte Marlon, während er Michelle von oben bis unten betrachtete. Michelle sah ihn etwas verdutzt an: »Ja, ist meine Lieblingshose. Darin fühle ich mich sauwohl.« Marlon verdrehte die Augen: »Würd ich an deiner Stelle nicht mehr machen.« Verwundert kam Michelle nur ein leises »Weeeeeil?« über die Lippen. »Für eine dicke Frau bist du ja echt hübsch, aber diese Jean macht wirklich nichts für deine Figur. Aber ist ja auch nicht meine Sache. Wo ist eigentlich der Kellner? Ich würd gern endlich bestellen.« Zuckersüßes Gespräch, oder? Da beutelt's uns so richtig ab. Und das auch gleich noch beim ersten Date, von dem man sich einfach eine schöne Zeit erhofft. Möööp. Ein Fall für den »Red-Flag-Buzzer«, denn hier verstecken sich wirklich dunkelrot leuchtende Fahnen und ein Mann, der sich sein respektloses Verhalten in sein Popschiloch stecken kann.

Eine Red Flag, also übersetzt eine »Rote Fahne«, ist ein umgangssprachlicher Begriff für ein Warnzeichen in zwischenmenschlichen Beziehungen und vor allem beim Dating. Es geht dabei um Verhaltensweisen oder Eigenschaften des Gegenübers, die nicht tolerierbar sind und darauf hinweisen, dass kein künftiges Beziehungspotenzial besteht. Red Flags offenbaren einen Mann, der (mit ganz großer Wahrscheinlichkeit) nicht dein Richtiger ist. Das reicht über respektloses Verhalten, pseudo-witziges Drüberstellen bis hin zu Unpünktlichkeit, Ungepflegtheit und/oder Sekten- oder Haremsführerverhalten hinaus. Oder es handelt sich einfach um kleine, aber essenzielle

Unstimmigkeiten, die zeigen, dass zwei Menschen nicht dieselben Werte teilen.

Den Red Flags sind keine Grenzen gesetzt und jeder von uns hat seine ganz eigenen Alarmsignale eingebaut, die aufzeigen, wenn Standards verletzt und Grenzen überschritten werden. Du darfst dich da ganz auf dein Gefühl (und die Göttin in dir) verlassen. Sobald sich eine Situation für dich unangenehm anfühlt, kann das bereits ein Zeichen für eine Red Flag sein.

Stell dir vor, ihr trefft euch zu eurem ersten Date und er sagt dir, dass er nichts Ernstes sucht und es eher locker angehen möchte. Möööp. Red Flag. Deine Alarmsignale sollten alle angehen, denn du bist schließlich eine Frau, die eine feste Beziehung sucht und kein kleines Abenteuer, stimmt's? Je rascher du diese roten Fahnen erkennst beziehungsweise danach handelst, desto mehr Schas ersparst du dir.

Vielleicht verlierst du dich in der Kennenlernphase immer wieder sehr schnell, in der Hoffnung, dass dein Gegenüber endlich der Richtige ist. Dass er es ist, mit dem du dein letztes Date verbringst. Dass er es ist, mit dem alle Herzenswünsche in Erfüllung gehen. Dass er es ist, mit dem du endlich diese erfüllte, glückliche, wundervolle Beziehung führst, nach der sich deine Seele so sehr sehnt. Dadurch werden sehr oft die Alarmsignale verdrängt – in der Hoffnung, dass sie sich doch noch von rot zu grün verwandeln.

Eine Red Flag? Wo? Ich kann sie nicht sehen.
Ich habe meine rosarote Brille auf.

Wir wollen gar nicht mehr viel herumreden, sondern gleich ans Eingemachte gehen. Wir haben eine Liste der häufigsten Red Flags für dich vorbereitet, die dir eindeutig zeigen, dass er nicht das Potenzial für deinen Richtigen hat. Gut durchlesen, hinspüren, mitschreiben, (rot) unterstreichen und dir in Zukunft viel ersparen.

Red Flags, an denen du erkennst, dass er es nicht ist

Er ist respektlos gegenüber dir und anderen Menschen
Das ist die Nr. 1 Red Flag. Wenn er dich respektlos behandelt, dich runtermacht, schlecht zu dir oder über dich (oder über andere) spricht, dann ist das ein ganz klares Ausschlusskriterium.

Er schlägt für das erste Date seine Wohnung vor
Nö, das lassen wir mal lieber, Sis. Es gibt 1000 Orte, an denen du dich für ein erstes Date treffen kannst, und das ist niemals seine Wohnung (aka sein Bettchen) und auch nicht dein Zuhause. Lernt euch erst mal auf neutralem Boden kennen, bis du dir wirklich sicher bist, dass du mit ihm das Bett teilen möchtest. Sich im heiligen, privaten Reich zu treffen, ist eine intime Sache. Die kann und darf dauern und muss definitiv nicht gleich am Anfang stattfinden.

Er will nur schreiben und fragt nicht nach einem Date
»Hey, wie geht's?«, »Was tut sich?«, »Was geht?«, »Ois kloa?«, »Guten Morgen, gut geschlafen?«. Und das war's. Ganz klare Sache: Wenn er nur schreiben möchte und das reale Kennenlernen auf sich warten lässt, dann ist das eine rote Fahne. Der Richtige will dich kennenlernen. Und dazu braucht es ein Treffen und einen Mann, der dieses initiiert.

Er ist sich nicht ganz sicher, was er will
Mööööp. Red Flag in the house. Wenn er sich nicht ganz sicher ist, dann bist du es. Nämlich darüber, dass sich hinter dieser Aussage und diesem vagen Verhalten etwas versteckt, das dich nicht interessiert. Entweder gscheit oder goa net. Kristallklare Ausrichtung auf feste Beziehung, Liebes.

Er ist auf nichts Ernstes aus
Du schon. Und deswegen brauchst du hier auch auf nichts weiter zu hoffen. Er ist nicht der Richtige, sonst wäre er beziehungsbereit.

Er textet dich mit seinen Problemen zu

Auch wenn wir Frauen gern mal dazu tendieren, in den »Rettermodus« zu rutschen, bist du weder seine Mutter noch seine Therapeutin. Seine Probleme kann er sich behalten und in seine rote Fahne einwickeln.

Er hat generell eine negative Lebenseinstellung

Ein Date mit einem Armutschkerl ist schon relativ auslaugend. Aber eine ganze Beziehung mit einem Menschen, der dich nicht erfüllt, sondern permanent ansudert, ist weder sexy noch das, was eine wahre Liebesbeziehung mit einem lebensfreudigen Mann an deiner Seite ausmacht.

Er redet ständig von der Ex-Beziehung

Das ist kein gutes Zeichen, da hier noch Spuren von einer nicht verarbeiteten, vergangenen Beziehung hängen können. Bei den ersten Dates hat die Ex definitiv keinen Platz. Und im schlimmsten Fall will er vielleicht auch noch »Ex-zurück-Tipps« von dir. Nope. Dunkelrot.

Er ist unzuverlässiger als die ÖBB

Er sagt, er meldet sich, macht es aber nicht? Er meint: »Lass uns doch bald wieder treffen« und es kommt höchstens alle zwei bis drei Wochen mal eine Nachricht? Das hast du nicht nötig. Wenn er ernsthaftes Interesse an dir hat, dann bleibt er dran und lässt dich weder warten noch sitzen.

Er hätte dich gern anders …

… und vergleicht dich dabei noch mit der hübschen Kellnerin? Raus hier. Fettes Möööp.

Er behandelt dich wie eine Option

Du bist keine Option, verdammt. Lass nicht alles liegen und stehen, wenn er ein bisserl Aufmerksamkeit oder ein kleines

Bröserl in deine Richtung schickt. Wenn er mehr von dir will, darf er sich auch mehr reinschmeißen. Wenn er dies nicht tut, ist das eine (du ahnst es schon) Red Flag.

Er ist »the star in the house«
Männer präsentieren sich ja gern mal von ihrer besten Seite. Vor allem bei Frauen, die ihnen gefallen. Also, wenn er dich umgarnt und von dir schwärmt, und du spürst, dass er gerade alles tut, damit er dir gefällt, dann darf das schon so sein. Wenn er jedoch jeden Moment nutzt, um sich vollends zu profilieren (mein Porsche, meine Jacht, meine Goldketten, meine Insel) und sein Ego etwas zu sehr nach Anerkennung schreit, dann ist das eine rote Fahne mit ganz viel Pseudo-Bling-Bling.

Er lässt dich nicht gut fühlen
Wir Frauen spüren schon oft sehr gut, ob es unser Date-Partner gut mit uns meint und vor allem auf dasselbe aus ist wie wir. Fühlst du dich nicht gut bei ihm (weil die vorher aufgelisteten Fahnen wehen) oder stellst du dir nach dem Date viele unsichere Fragen, dann ist das nix. Glaub uns, beim Richtigen hast du kein schlechtes Bauchgefühl und der möchte auch niemals, dass du dich nicht gut oder unsicher fühlst.

Er ist vergeben/verheiratet/so irgendetwas dazwischen
Fingerchen weg. Wenn er in einer Beziehung ist, kann und wird er keine Beziehung mit dir aufbauen (weil er schon eine hat). Und du als Frau, die ihren Wert kennt, willst schon gar keine mit einem vergebenen Mann.

Er bombardiert dich mit Nachrichten, Komplimenten und Heiratsanträgen
Genauso rot wie beim Sich-nicht-Melden leuchten die Fahnen, wenn er es zu oft und in einem sehr unauthentischen, überschwänglichen Maß tut. Alles schön langsam. Und wenn er dich

mit Liebe überrollt, zu einer Entscheidung drängt und dich nicht so richtig in Ruhe lässt, dann tschüss mit ü (und ciao mit au).

Er möchte ausschließlich Sex
Ist ja grundsätzlich nichts Schlimmes. Aber wenn du eine Frau bist, die eine feste Beziehung sucht, kommt ihr hier nicht zam und somit weht ein eindeutiges rotes Fähnchen. (Freu dich schon mal auf die »Bums-nicht-so-schnell-Regel« weiter hinten im Buch.)

Er mag keine 80er-Jahre-Musik
Was??? Das kann doch gar nicht sein. Na gut, das ist keine Red Flag, sondern einfach Geschmackssache (die wir ganz und gar nicht nachvollziehen können *Zwinkeremoji mit Zunge*).

Fakt ist: Eine Red Flag ist ein Zeichen, dass hier etwas nicht stimmt, und du darfst da wirklich rechtzeitig aussteigen, bevor du unnötig mit dem Falschen Zeit verplemperst. Red Flags gibt es nicht ohne Grund. Also, wenn du irgendeine wiedererkannt hast oder dir gerade ein »Mööööp« im Herzen bewusst wird: Halt inne, spür gut hin und setz eine Grenze. Übergangene Red Flags zehren so sehr an deiner Energie und hindern dich daran, genau die Liebe in dein Leben ziehen zu lassen, die du verdienst.

Falls deine gesetzte Grenze dazu führen sollte, dass er sein Verhalten ändert und sich bemüht, dann lass es (wenn sich das für dich wirklich richtig anfühlt) weiter fließen mit euch beiden. Wenn du dich unsicher fühlst, ständig beurteilt wirst oder verwirrt bist, steig bitte aus. Und wenn du uns beide ganz ehrlich fragst, dann ist eine Red Flag in der Kennenlernphase immer eine Red Flag zu viel. Gerade in den ersten Monaten darf sich alles frei und leicht entwickeln. Da gibt es so viel Aufregendes und Schönes zu entdecken, dass Red Flags definitiv keinen Platz haben. Beim Richtigen wehen keine roten Fahnen, sondern fliegen rote Herzen. Und diese (wir bezeichnen sie auch gern als) Green Flags erkennst du unter anderem an folgendem Verhalten:

◇ Er ist aufmerksam, respektvoll und an dir interessiert.

◇ Er bleibt dran.

◇ Er macht dir von Herzen kommende Komplimente.

◇ Er möchte dich beim ersten Date abholen, ausführen, einladen und wieder vor (!) deine Wohnungstüre bringen.

◇ Er möchte dich als ganzen Menschen kennenlernen.

◇ Er (ja, er!) meldet sich nach dem Date, will dich unbedingt wiedersehen und bedankt sich für diese schöne gemeinsame Zeit.

◇ Er meldet sich verlässlich, wenn er sagt, dass er sich meldet.

◇ Er weiß, was er will, und kommuniziert das auch offen und ehrlich.

◇ Er macht das, was er sagt.

◇ Er erobert dich und du musst nichts tun.

◇ Er steht mit beiden Beinen fest im Leben und kann (und will) dich beim ersten Date einladen.

◇ Er ruft dich an, statt dir ständig nur zu schreiben (er will deine Stimme hören und ja, erwachsene Männer telefonieren gern mit der Dame ihres Herzens).

◇ Er merkt sich kleine Dinge, die du erwähnt hast.

◇ Er lässt dich wohl und sicher fühlen und niemals mit Fragezeichen zurück.

◇ Er redet mit dir über deine Gedanken, die du dir vielleicht machst.

◇ Er öffnet dir den Raum, ganz du selbst sein zu können.

◇ Er respektiert dich, deine Standards und deine Grenzen.

Darum lieb ich alles, was so grün ist, weil mein Schatz mein Richtiger ist *laut mitsing*. So soll es doch sein, oder? Und genau so wird es auch sein. Das ist ein ganz normales Verhalten eines ganz normalen Mannes, der dich ganz normal kennenlernen will. Ganz normale grüne Fahnen, die sich genauso schön anfühlen wie in der grünsten Wiese im Sonnenschein den Tag zu genießen.

Steh zu dem, was du willst: eine Beziehung und keine lockeren Geschichten, Affären oder Männer, die dich nicht sonderlich wertschätzend behandeln. No, no, never! Du bist schließlich eine Göttin. Also, was es auch ist: Es ist dein gutes Recht, deine Standards ehrlich und offen zu kommunizieren. Wenn er ein Problem damit hat, dann ist er nicht der Richtige. Frag dich:

◇ Womit bin ich einverstanden?
◇ Wo bin ich kompromissbereit?
◇ Was bin ich nicht bereit zu akzeptieren?

Indem du deine Red Flags definierst, erkennst du auch deine Standards und Grenzen noch besser. Es wird immer wieder Männer geben, die sich komisch verhalten, aber eine Red Flag darf ein Ausschlusskriterium in der ersten Datingphase sein. Göttinnen bleiben nicht in ungesunden romantischen Beziehungen oder steigen trotz Warnzeichen darauf ein. Sie ignorieren nicht die roten Fahnen, wenn sie sich in jemanden verlieben, sondern sie erkennen diese und handeln genau danach. Sie geben ihre Grenzen nicht auf, nur weil sie Angst haben, nichts Besseres zu finden oder zu verdienen. Du musst nicht darauf warten, bis die roten Fahnen dunkelrot, zinnoberrot oder vielleicht doch noch grün werden. Das Leben ist viel zu kostbar, um dich mit Menschen zu treffen, die nicht deinen Werten entsprechen. Ganz zu dir und zu deinen Beziehungsstandards zu stehen, gehört zum Leben mit dazu, wenn es leichter und liebe-voller werden darf (ganz ohne Möööp).

Achtung, Projektionsfalle!
Verliebt in eine Fantasie

Marion machte sich gerade für die Arbeit zurecht, als auf ihrem Handy eine neue Nachricht aufblinkte. Es war Luise, ihre beste Freundin, die sich eher selten um diese Uhrzeit meldete. »ICH HABE IHN GEFUNDEN!« stand in Großbuchstaben auf dem Display. Marion drückte sofort die Anruftaste: »Wen??? Wen hast du gefunden, Luise?«

Luise: »Na, meinen Mann!«

Marion: »Wie, deinen Mann?«

Luise: »Na, meinen Mann fürs Leben. Meinen Seelenverwandten! Er ist da.«

Marion: »Hä, wo?«

Luise: »Bei Facebook. Da gibt es jetzt diese Dating-Option.«

Marion: »Wovon sprichst du, bitte?«

Luise: »Wir haben die ganze Nacht durchgeschrieben und sind komplett auf einer Wellenlänge. Er ist so anders als die anderen. Ich spür's. Er ist der richtige Mann für mich.«

Marion: »Ach Luischen, komm schon ...«

Luise: »Kannst du dich nicht einfach für mich freuen? Ich habe lang genug gesucht. Das weißt du am allerbesten.«

Marion verstand die Situation noch nicht ganz, denn gestern bei ihrem letzten Gespräch drehte sich noch alles um das große Thema »Ich werde für immer und ewig allein bleiben. Keiner will mich. Nicht mal mein Hund.« Und heute ist der Mann auf einmal da? Was heißt überhaupt da?

Diese Euphorie schreit für uns nach einer Projektion. Denn den Mann fürs Leben innerhalb von 24 Stunden zu finden (ohne ihn auch nur real gesehen zu haben), ist definitiv übertrieben. Das schafft nicht mal Dornröschen. Selbst die musste eine gute Zeit drüber schlafen.

Immer wieder erleben wir, dass Frauen sich in die (Wunsch)Vorstellung eines Mannes verlieben und sich in Zukunftsszenarien verlieren, ohne diesen Mann auch nur einmal im realen Leben getroffen zu haben. Sie glauben aufgrund intensiver Kommunikation via Social Media, dass dieser Mann der Richtige sein könnte, haben aber in Wirklichkeit keine Ahnung, wer tatsächlich dahintersteckt. So werden persönliche Geschichten und intime Geheimnisse mittels elektronischer Post ausgetauscht, sexy Fotos verschickt und tiefe Emotionen geteilt. Dadurch wird diese virtuelle »Beziehung« erst recht immer enger und sie haben das Gefühl, ihn schon ewig zu kennen. Aber Vorsicht: Das ist eine (Projektions)Falle. Denn dahinter könnte sich nicht der Prinz, sondern ein Gaul verstecken. Wenn Frauen all ihre Liebesgefühle in einen Mann hineinprojizieren, ohne ihn jemals live gesehen zu haben, dann geht bei uns die Alarmsirene los.

Typische Sätze, die wir zu hören bekommen, sind zum Beispiel: »Ich habe einen wunderbaren Mann kennengelernt.« (Nein, Schwester, du hast ihn noch nicht kennengelernt. Ihr schreibt nur hin und her.) »Ich habe Gefühle für ihn.« (Gefühle für einen fremden Mann? Wir erinnern dich, es könnte auch ein Gaul sein.) »Wenn er mir schreibt, fliegen die Schmetterlinge im Bauch und ich spüre seine Liebe.« (Herzi, das ist noch lang keine Liebe.) »Er schreibt mir jeden Tag, da muss mehr dahinterstecken.« (Solang er dich nicht treffen möchte, heißt das noch gar nichts.) »Wir sind uns schon so nah gekommen und schicken uns auch versaute Nachrichten und sexy Bildchen.« (Vorsicht! Er ist immer noch jemand, den du nicht kennst. Deine pikanten Fotos könnten leicht in falsche Hände geraten.) »Er ist der tollste Mensch der Welt.« (Ja, mag sein. Aber komm runter vom Gas und lerne diesen Menschen erst mal kennen.) »Endlich jemand, der mich versteht.« (No comment.)

Bei all diesen Aussagen würden wir am liebsten laut schreien: »Heeeeeast Madl, du kennst diesen Mann nicht. Du hast ihn noch nie gesehen. Es ist nicht gesund, dich in einen Mann zu verlieben, ohne ihn je real gesehen zu haben. Triff dich erst mal mit ihm, bevor du ihm dein Herz schenkst.«

Wir meinen diese pudelnackert-ehrlichen Worte ganz liebevoll und verstehen all diese Gefühlsverirrungen wirklich. Besonders, wenn die Sehnsucht nach einem Partner riesengroß ist, verliert man sich schnell in allerhand Verrücktheiten und projiziert sehr leicht seine Hoffnungen und Wünsche auf den anderen. Je länger man beim Schreiben (oder auch Sprachnachrichten-Senden) hängen bleibt, desto größer ist die Gefahr der Projektion und des Eindrucks, den perfekten Partner gefunden zu haben. Der spätere Realitätscheck ist dann manchmal mehr als ernüchternd. Nicht selten steht Frau dann dem selbst gebastelten Traumpartner gegenüber und weiß sofort: Aus uns wird nichts. Sie hat sich in den Menschen, den sie im Kopf hatte, verliebt. Jetzt ist da jemand ganz anderes. Und zwar jemand, den sie überhaupt nicht kennt. Am Boden der Tatsachen liegt zwar oftmals zu wenig Glitzer, aber in diesem Fall einfach die pure Realitätswatschen.

Das Problem bei Projektionen ist, dass man die eigenen Gefühle, Sehnsüchte und Erwartungen in einen Menschen legt, den man nur virtuell getroffen hat. All die wichtigen nonverbalen Aspekte wie Körpersprache, Mimik, Betonung, aber auch Körpergeruch, Ausstrahlung, sein Verhalten in bestimmten Situationen fallen weg. Und noch ein weiterer großer Gefahrenpunkt: Man weiß nicht, was wirklich Sache ist. Stichwort Catfish (Definition Wikipedia: Catfishing ist eine Täuschungsaktivität, bei der eine Person in einem sozialen Netzwerk eine gefälschte Online-Identität erstellt). Da kann sich dann alles dahinter verstecken. Ist er Manderl oder Weiberl? Kommt er aus Gramatneusiedl oder doch aus Dschibuti? Ist er nicht vielleicht verheiratet, weil es nie zu einem Date kommt? Oder ein Betrüger? Ein Gaul? All das lässt sich nur im realen Leben abklären.

Warum rutscht man überhaupt in so eine »Pseudo-Beziehung«?

Oft kommt eine virtuelle Beziehung einem einfach sehr entgegen, weil man dadurch nicht mit den eigenen Ängsten konfrontiert wird. Der Angst vor Ablehnung. Der Angst vor etwas Ernsthaftem. Der Angst, sich voll einzulassen. Die Nähe übers Schreiben reicht manchmal völlig aus. Er ist ja »da«. Und somit ist man augenscheinlich nicht mehr allein. Manche können sich beim Schreiben leichter öffnen und Persönliches von sich preisgeben, weil sie sich nicht so angreifbar fühlen, als wenn ihnen jemand direkt gegenübersitzt. Mangelnde Kenntnis über die eigenen Standards und ein geringes Selbstwertgefühl spielen ebenso eine große Rolle, warum sich manche Frauen in Liebesdingen ein bisserl verlaufen. Wenn du deinen Wert kennst und weißt, was du willst, lässt du dich auf so was gar nicht ein. Du möchtest schließlich von einem Mann erobert und ausgeführt werden und ganz entspannt schauen, was sich ergibt.

Was kannst du tun, um nicht in die Projektionsfalle zu tappen?

◇ Lass einen Mann sich erst mal beweisen, dass er es ernst mit dir meint. Dazu zählt auch unbedingt, dass er dich daten will. Ein beziehungsbereiter Mann hat wie du kein Interesse daran, mit einer Frau einfach nur ewig hin- und herzuschreiben.

◇ Halt das Schreiben mit deiner Flamme so kurz wie möglich und nutz es hauptsächlich für informative Zwecke (Wann treffen wir uns? Wo treffen wir uns?) und um ab und zu ein paar (kurze) liebevolle Worte zu verschicken. Das wahre Kennenlernen findet im realen Leben statt. Bei einem schönen Spaziergang, einem guten Eis, leckerer Pasta oder bei einer kleinen Minigolf-Challenge.

- Weniger chatten, mehr telefonieren oder facetimen. Und relativ rasch das erste reale Treffen ausmachen. Wenn er sich nicht treffen will oder immer wieder Ausreden findet, dann stimmt hier sowieso irgendwas nicht.
- Lern mit dir allein zu sein. Damit du dich nicht aus Bedürftigkeit heraus auf eine Chat-Beziehung einlässt oder voller Euphorie auf einen Mann reinkippst, den du noch nie gesehen hast.
- Werd dir deiner Standards bewusst und lebe sie. Wie zum Beispiel: Ich suche keine Brieffreundschaft, sondern einen Partner fürs Leben. Oder: Ich möchte von einem Mann ausgeführt und erobert werden.
- Rein in die Goddess Energy.
- Anstatt dich in der Fantasie zu verlieren, erschaffe mit einem Mann echte Momente im wirklichen Leben. Frag dich nicht, wie es wäre, mit ihm einen romantischen Ausflug zu machen, sondern mach es tatsächlich. Lass das Kennenlernen in der Realität passieren. Nur so kannst du herausfinden, ob es Red Flags gibt, ob es zwischen euch harmoniert und ob du ihn wiedersehen möchtest.

Falls du dich vielleicht auch in so einem kleinen virtuellen Pantscherl verloren hast und dich soeben wiedererkannt hast: Herzilein, es ist alles gut. Das macht nichts. All das zeigt dir, dass du den Fokus viel zu sehr auf jemand anderen gerichtet hast anstatt auf dich selbst. All deine Gefühle laden dich ein, dich wieder dir selbst zuzuwenden und wahrzunehmen, was du gerade brauchst. Erkenn die Illusion und komm zu dir zurück. In dir schreit alles danach, gesehen und geliebt zu werden – von dir. Du hast alles in dir, was du bei ihm suchst, und erst wenn du aus der Projektion aussteigst und bereit bist, dich auf dich selbst und deine Schattenthemen einzulassen, kannst du erfüllende Liebe erleben.

Wir haben ein paar kraftvolle Fragen zur Selbstreflexion für dich, damit du dich selbst besser verstehst. Genau daran wächst du und rutscht nicht (mehr) so leicht in die Projektionsfalle.

Wer bin ich wirklich?

◇ *Wo steh ich in meinem Liebesleben und wo möcht ich hin?*

◇ *Wie möchte ich mich fühlen?*

◇ *Welche Zweifel trag ich in Liebesdingen mit mir herum?*

◇ *Was kann ich tun, um diese Zweifel loszuwerden?*

◇ *Was darf ab sofort anders sein?*

◇ *Wie darf eine wertschätzende Kennenlernphase für mich aussehen?*

◇ *Wo darf ich mich noch mehr erobern lassen und mich weiblich zurücklehnen?*

◇ *Wie möcht ich mich von einem Mann behandeln lassen?*

◇ *Wie kann ich mir selbst Liebe schenken?*

◇ *Womit kann ich mich wieder aufladen?*

◇ *Wenn ich mir einen Wunsch in meinem Liebesleben erfüllen könnte, welcher wäre das?*

◇ *Was möcht ich heute für mich tun?*

Lenk den Fokus auf dich. Schluss mit der Dauerbeschäftigung rund um ihn. All die Liebe, die du zu geben hast, darfst du jetzt mal auf dich richten und herausfinden, was du brauchst, um dich für eine ernsthafte und gesunde Liebesbeziehung zu öffnen. Mit einem ganz realen Prinzen (oder besser gesagt: mit deinem König).

Du bist so lieb, du bist so nett, ich will so gern mit dir ins Ballett! Alles über Slow Dating und die Bums-nicht-so-schnell-Regel

♡ ♥ ♡ ♥ ♡ ♥ ♡ ♥ ♡ ♥ ♡ ♥ ♡ ♥ ♡ ♥ ♡ ♥ ♡ ♥ ♡ ♥ ♡ ♥ ♡ ♥ ♡ ♥

Bis vor Kurzem bestand Saskias Dating-Leben darin, sich mit Männern zu treffen, von denen sie eigentlich nicht überzeugt war – immer auf der Suche nach dem Einen, landete sie mit ihnen (viel zu schnell) im Bett. »Meine letzte Pseudo-Beziehung hat mir emotional den Rest gegeben. Als Nils sich mal wieder nicht meldete und ich bitterlich weinend auf meinem Bett lag, weil ich es vor lauter Liebeskummer fast nicht mehr aushielt, war mir klar: So kann es nicht weitergehen. Ich hab so gehofft, dass er sich doch noch in mich verlieben würde, aber mehr als ab und zu ein Booty Call für schnellen Sex kam von ihm einfach nicht. Wie blöd kann man eigentlich sein? Ich möcht endlich als Frau gesehen werden und nicht nur als sexuelles Wesen.«

Der emotionale Tiefpunkt hat Saskia dazu bewegt, in ihrem Liebesleben ein paar Rädchen zu drehen und alles viel langsamer anzugehen. Sie möchte Männer in aller Ruhe kennenlernen und auf mehrere Dates gehen, bevor sie mit ihnen Sex hat. »Dieser Schmerz hat mich dazu gezwungen, mich selbst zu hinterfragen und zu erforschen, was ich wirklich will. Und das ist ein fester Partner, mit dem ich irgendwann auch eine Familie gründen kann. Ich will mich nicht mehr so leicht für mittelmäßige, lieblose Ficks hergeben und immer mehr die Achtung vor mir selbst verlieren, weil sich die Männer danach gar nicht mehr melden oder nur zum Bumsen. Ich will endlich zu mir und meinen Standards stehen.«

Bäääm, queen! Dazu können wir nur von Herzen gratulieren! That's goddess energy! Das ist eine Frau, die ihre Krone richtet und immer mehr und mehr zu sich selbst findet. Und das sind die Geschichten, die bei uns eine dezente Ganslhaut am ganzen Körper auslösen.

So, und jetzt mach dich auf was gefasst, schönste Frau, denn wir legen dir jetzt mal ganz frech einen Keuschheitsgürtel um und stellen die »Bums-nicht-so-schnell-Regel« auf.

Was bedeutet »Bums nicht so schnell«? Sechs Wochen, drei Monate, bis ihr fix zam seid, bis zur Hochzeit? Das entscheidest ganz eigenverantwortlich ausschließlich du. Dann, wenn du dir sicher bist. Dann, wenn dein Körper, deine Seele und dein Herz »Ja« sagen. Es geht drum, den Mann mal riiiichtig kennenzulernen. Unsere Empfehlung: Warte beim Kennenlernen circa drei Monate mit dem ersten Sex, wenn du dir eine feste Liebesbeziehung wünschst.

Wie du uns mittlerweile schon kennst, weißt du, dass wir grundsätzlich nicht viel (ehrlich gesagt gar nichts) von Regeln, Strategien oder Taktiken halten. Und auch hier geht's uns jetzt nicht um eine strikte Vorgabe, sondern um ein paar sehr liebevoll gemeinte Gedankenimpulse, die aber womöglich ein Game Changer in deinem Dating-Leben sein könnten. Vertrau uns und lass dich einfach mal drauf ein, bevor du dir jetzt denkst: Mädels, ihr seid ja schon komplett meschugge! Welcher Mann wird schon so lang auf ein heißes Stelldichein warten? Da haut mir jeder vorher ab. Außerdem will ich selbst wissen, ob wir sexuell miteinander kompatibel sind. Ich kauf doch nicht die Katze im Sack.

Vielleicht hast du am Ende dieses Kapitels genau wie Saskia Lust, ein paar kleine Nachjustierungen vorzunehmen und dein Schmuckkästchen für einen netten Herrn erst dann wieder zu öffnen, wenn es sich wirklich stimmig für dich anfühlt. Glaub uns, schönste Frau, du verlierst nichts, wenn du mit dem ersten Sex mit einem neuen Mann ein bisserl wartest. Ganz im Gegenteil. Du gewinnst so viel.

ACHTUNG! Diese Empfehlung gilt nicht für Frauen, die sich einfach unverbindlich vergnügen wollen und gerade nicht auf der Suche nach ihrem Mr. Right sind. Das ist mehr als in Ordnung. Wir sind die Letzten, die etwas dagegen sagen. Leb dich aus und lass die Sau raus. Enjoy it, baby! Jeder Mensch kann es bitte so handhaben, wie er möchte, und ja, es sind auch schon dauerhafte Beziehungen aus One-Night-Stands entstanden.

Diese Empfehlung ist für dich, wenn du dich nach dem Richtigen sehnst und dir eine feste Liebesbeziehung wünschst. Sie ist für dich, wenn du das Gefühl hast, immer wieder abserviert zu werden, nachdem du mit einem Hawara in der Hapfn warst. Wenn du dich beim Daten leicht verlierst oder in Projektionen rutschst. Wenn du schon mal geghostet wurdest, nachdem du mit einem Mann intim warst, oder bei dir vielleicht das Muster läuft, dich zu schnell in Beziehungen zu stürzen. Wenn dich Daten verunsichert, besonders dann, wenn du in der Vergangenheit schlechte Erfahrungen gemacht hast.

Slow Dating

Slow Dating ist genau das, wonach es klingt. Es ist Dating, das langsam und entspannt abläuft. Es bedeutet, dass sich zwei Menschen mehr Zeit nehmen, um sich kennenzulernen und um eine echte Verbindung aufzubauen, bevor sie sich entscheiden, ob sie miteinander schlafen und ob sie eine feste Partnerschaft eingehen wollen. Im Grunde genommen ist beim Slow Dating jeder Schritt des Dating-Prozesses langsamer, achtsamer und bewusster. Also genau das Gegenteil der Schneller-Höher-Weiter-Mentalität der heutigen Zeit und des ungeduldigen »Ich muss sofort wissen, ob der aktuelle Kandidat Potenzial hat, mein Partner fürs Leben zu sein.« Spürt man/frau nicht sofort die Connection, heißt es dann schnell (unser Meinung nach oftmals vorschnell): next!

Auch die 39-jährige Mona hatte während einer sechsmonatigen bewussten Dating-Pause Zeit, über ihr Sex- oder besser gesagt Beziehungsleben nachzudenken: »Mir ist klar geworden, dass ich noch nie mit jemandem ausgegangen bin, mit dem ich nicht sofort geschlafen habe. Ich hab mir eingeredet, dass Sex keine große Sache ist. Aber ich hab gemerkt, dass es für mich auf emotionaler Ebene doch eine ist«, erzählte sie uns.

Ganz besonders bei uns Frauen ist Sex sehr, sehr eng mit unseren Gefühlen verknüpft. Lassen wir einen Mann in unseren Körper eindringen, dringt er auch in unsere Seele ein und berührt unser Herz. Waren wir vor dem heißen Netflix- und Chill-Abend noch supercool und entspannt, trifft uns danach (oder schon währenddessen) doch des Öfteren Amors Pfeil.

»Ich habe mich immer sehr schnell verliebt, wenn ich mit einem Mann schlief, und war dann jedes Mal ziemlich verunsichert, was er für mich empfindet. Auch wenn ich wusste, dass es nur unverbindlicher Sex war. Manchmal war ich auch aus Angst vor Zurückweisung mit einem Typen im Bett, obwohl ich gar nicht wollte«, sagte Mona.

Für uns ist es vollkommen verständlich, dass wir Verliebtheitsgefühle empfinden, wenn wir unseren Körper und unser Bett mit einem anderen Menschen teilen. Wir Frauen sind einfach so wundervolle Gefühlswesen und wenn wir uns mit einem Mann physisch verbinden, verbinden wir uns auch mit dem Herzen. Wie Saskia hat sich auch Mona vorgenommen, ihren Dating-Prozess zu entschleunigen. Beide haben festgestellt, dass ihnen eine langsame Herangehensweise an die Partnersuche hilft, mehr Vertrauen in sich selbst und ihre Entscheidungen zu bekommen.

Runter vom Gas
Lässt du dir beim Kennenlernen Zeit, findest du heraus, ob ihr wirklich zueinander passt. Du sortierst aus, wer nicht bereit für eine feste Liebesbeziehung ist, und schaffst die Basis für eine gesunde Partnerschaft. Dabei kommst du ganz automatisch

in deine weibliche Energie und kannst den Moment genießen. Nimm mal ganz bewusst das Tempo raus und lern den Mann so wirklich, wirklich kennen. Schau dir an, wie er sich verhält und was er, auch über einen längeren Zeitraum hinweg, zeigt. Entspann dich, indem du dir selbst Raum schenkst, um die Verbindung zu ihm zu entdecken. Führ tiefe Gespräche mit ihm und find heraus, ob ihr zwei zusammenpasst, bevor du mit ihm intim wirst.

Hier unsere Göttinnen-Tipps für Slow Dating:

◇ Geh es langsam an.

◇ Verlier dich nicht im dauernden Nachrichten schreiben.

◇ Halt ruhig ein wenig zeitlichen Abstand zwischen den Treffen.

◇ Nimm den Druck raus.

◇ Spür hin, was du empfindest, wenn du mit ihm zusammen bist.

◇ Lass dir Zeit, bevor du mit ihm ins Bett gehst.

◇ Weniger tun, mehr fühlen.

◇ Hör auf die innere Stimme und vertrau auf deine Intuition.

◇ Deine Standards und dein »Was möchte ich?« führen dich.

◇ Find heraus, ob er bereit für eine Beziehung ist und ob eure Grundwerte harmonieren.

◇ Frag dich selbst, ob du ein »Ja« in deinem Herzen, deinem Kopf und deiner Pussy fühlst.

Beim Richtigen entwickelt sich alles ganz fließend, intuitiv und wie von selbst. Du darfst dich entspannen, zurücklehnen und den Prozess des Kennenlernens genießen. Du musst nicht schon irgendwo sein oder zu irgendeinem Ziel hinhudeln, wie zum Beispiel ein »Fix-zam-Paar« zu sein.

Mit dem Sex zu warten,
ist ein hervorragender Filter

Genau dieser Filter sortiert nämlich die Männer aus, die nur Sex wollen. So war es auch in Petras Fall. »Ich habe einen Mann kennengelernt und es hat richtig nett mit ihm begonnen. Er hat mich ausgeführt, eingeladen, mir super-liebe Nachrichten geschrieben und mich wie eine Königin behandelt. Nach drei Wochen hatten wir beim zweiten Date Sex. Jetzt bereue ich es irgendwie, weil ich das das Gefühl habe, wir sind jetzt auf die sexuelle Schiene gerutscht. Er schreibt mir nur noch zweideutige Nachrichten und interessiert sich gar nicht mehr für mich als Mensch. Ich frage mich jetzt, ob ich das irgendwie noch mal umdrehen kann, weil ich mich schon ein bisserl in ihn verliebt habe und mit ihm zusammen sein möchte.«

Wenn du dir wie Petra eine ALL-IN-Beziehung wünschst, dann darfst du dir deiner Standards bewusst sein. Wenn du weißt, dass du eine Frau für eine feste Liebesbeziehung bist und keine Frau für was Lockeres, dann rutschst du gar nicht mehr in so eine Bettgeschichte. Deine Aufgabe ist es, deinen Standard konsequent zu halten (erinner dich an das Standard-Kapitel). Du selbst entscheidest, wann du den nächsten Schritt gehen möchtest und wann du wirklich bereit bist und dich mit ihm sicher fühlst.

Beobachte dich mal, welche Gedanken hochkommen, wenn du länger auf den ersten Sex oder auch auf das nächste Date/ den nächsten Anruf von ihm wartest. Macht dich das vielleicht nervös oder hast du Sorge, ihn zu verlieren? Gerade hier ist es wichtig, dir Zeit zu lassen, um ganz bei dir bleiben zu können und dich nicht in einer Angstgedankenspirale zu verlieren, die dich zu vorschnellen Schritten verleiten könnte. Schließlich fördert das Warten auch den Aufbau von Vertrauen und Respekt, da es zeigt, dass du deine eigenen Bedürfnisse ernst nimmst und Wert darauf legst, eine langfristige Verbindung einzugehen.

Das Ganze mal aus der Sicht der Männer

Männer unterscheiden sehr wohl zwischen einer Frau für eine Nacht, unverbindlichen Sex oder eine Affäre und einer Frau für eine dauerhafte Liebesbeziehung, einer Frau, um die er kämpfen möchte, und einer Frau zum Heiraten und Familie gründen. Wir möchten uns an dieser Stelle auf einen Mann, den Buchautor Steve Harvey (»So denkt ein Mann«), berufen: Männern wird es quasi in die Wiege gelegt, zu erkennen, wenn eine Frau keinerlei Ansprüche stellt. Für sie ist klar, dass so eine Frau keine Selbstachtung hat, keinerlei Bedingungen stellt und sie sich deshalb auch nicht groß ins Zeug legen müssen. Dagegen wissen sie, dass bindungswillige Frauen nie leicht zu haben sind. Bei ihnen erkennt man sofort, dass sie hohe Ansprüche und klar definierte Standards haben und dass sie es sind, die entscheiden, ob aus einen Flirt ein One-Night-Stand, eine kurzweilige Affäre oder eine feste Beziehung wird. Interessante Sichtweise, nicht wahr?

Echte Männer respektieren Frauen mit klaren Standards wie »Ich geh erst dann mit jemandem ins Bett, wenn ich sicher bin, dass wir eine feste Beziehung miteinander haben, Gelegenheitssex ist nichts für mich«. Wenn er sich dann aus dem Staub macht, dann nur, weil er sowieso nur Sex wollte. Nimm es nicht persönlich, jetzt hast du Klarheit.

Wenn ein Mann keine feste Beziehung sucht, wirst du ihn auch nicht umstimmen können, indem du mit ihm ins Bett gehst.

Du als Frau bist diejenige, die entscheidet, ob du nur als sexuelles Wesen gesehen wirst oder als ganzer Mensch mit all deinen bunten, einzigartigen Facetten. Du entscheidest, wann und ob du ihm das geben willst, was er will, und genauso bist auch du es, die entscheidet, was er dafür tun muss, um es zu bekommen. Sei dir gewiss, Liebes, ein normaler Mann, der dich als

Frau wirklich kennenlernen möchte, hat zu 1000 Prozent kein Problem damit, vom Gas zu gehen. Ganz im Gegenteil – das ist sogar seeeehr reizvoll für ihn.

Frag dich mal: Warum gewähr ich einem Mann Sex mit mir, obwohl er sich noch gar nicht bewährt hat? Und wie würde eine Frau, die ihren Wert kennt, damit umgehen?

Dein Körper ist ein heiliger Tempel, das Zuhause deiner Seele. Da darf doch nicht jeder mit seinem Zumpferl und mit seiner Energie eindringen. Schon gar kein fremder Mann. Wenn du wartest, zeigst du dem Mann, dass Sex mit dir etwas Besonderes ist, und du erst mal Zeit brauchst, um herauszufinden, ob er dich überhaupt verdient. Krasser Zusatzeffekt: Dadurch bewahrst du dir auch deine Würde und deine Selbstachtung und gewinnst den Respekt des (richtigen) Mannes.

Ein Mann, der wirkliches Interesse an dir hat, möchte dich kennenlernen. Er möchte für dich da sein. Er möchte dich beschützen. Er möchte dich verwöhnen und auf Händen tragen. Er möchte sich emotional mit dir verbinden. Er möchte dich in seinem Leben haben. Und erst wenn all das erfüllt ist, verdient er es, mit dir schlafen zu dürfen.

Anziehung wird oft mit Passung verwechselt

Das ist ein ganz wichtiger Punkt. Erst kürzlich kam Lea zu uns und erzählte von der knisternden Anziehung zwischen ihr und einem Mann. Dass sie beide die Finger kaum von voneinander lassen konnten und sich beinahe vor lauter Leidenschaft mit Haut und Haar auffraßen. Lea war aber total enttäuscht und verunsichert, weil er trotzdem keine Beziehung mit ihr wollte. Sie versteht einfach nicht, wie das trotz dieser heftigen Gefühle sein kann.

Ja, es ist absolut möglich, dass sich ein Mann wahnsinnig angezogen von dir fühlt und dich verdammt sexy findet, er sich aber keine feste Beziehung mit dir vorstellen kann. Und wieder ist die »Bums-nicht-so-schnell-Regel« ein wunderbarer Unterstützer, um zu unterscheiden, ob es sich um rein sexuelle Anziehung handelt oder um echtes Beziehungspotenzial. Besonders bei einer extrem starken Anziehungskraft ist es bei Gott keine leichte Aufgabe, zu warten und ihn körperlich auf Abstand zu halten. Doch es wird sich lohnen und zum richtigen Zeitpunkt wird das erste Mal mit deinem Richtigen dann so richtig schön, superheiß und verschmelzend sein.

Wie nutzt du die Zeit bis zum ersten Sex am besten?

◇ Lernt euch richtig kennen. Trefft euch regelmäßig und unternehmt gemeinsam schöne Sachen.

◇ »Prüf« ihn auf Herz und Nieren: Kommt er zu den Dates? Ruft er an, wenn er sich verspätet? Zeigt er dir, dass es ihm Freude macht, mit dir zusammen zu sein? Kannst du dir eine dauerhafte Beziehung mit ihm vorstellen? Gibt es Red Flags zu erkennen? Wie reagiert er, wenn du »Nein« sagst? Wie fühlst du dich mit ihm? Spürst du sein ehrliches Interesse?

◇ Gib dir selbst die Zeit, um herauszufinden, was du willst und ob ihr zueinander passt

Beim Richtigen entwickelt sich alles ganz fließend, intuitiv und wie von selbst. Du darfst dich entspannen, zurücklehnen und den Prozess des Kennenlernens genießen. Und ganz ehrlich: Das ist es doch, was du dir wirklich wünschst, oder?

Amor, gib mir den verdammten Pfeil, ich übernehm das jetzt selbst! Was ein erfolgreiches Date ausmacht

♡♥♡♥♡♥♡♥♡♥♡♥♡♥♡♥♡♥♡♥♡♥♡♥♡♥♡♥♡♥

Unruhig rutschte Katharina auf ihrem Sessel hin und her und zwirbelte mit ihren Fingerspitzen nervös an ihren schönen braunen Locken. Als sie aufblickte und uns ansah, konnten wir erkennen, dass ihr die Tränen in den Augen standen. Das Häferl war kurz vorm Übergehen. Sie legte ihren Kopf zur Seite und sprach mit zittriger Stimme: »Das war ein Satz mit X. Nämlich nix. Das Date mit Stefan war schon wieder ein voller Reinfall.«

Bei unserem letzten Coaching-Termin 14 Tage zuvor hatte sie uns noch freudestrahlend erzählt, dass sie so einen netten Mann beim Schulfest ihrer Tochter kennengelernt hatte. Einen feschen, sympathischen Single-Mann, der auch eine Tochter hatte, genau wie sie. Sie kamen ins Plaudern und er lud sie für die nächste Woche auf einen Eiskaffee ein. »Ich fand das Treffen mit ihm richtig nett. Wir haben uns über zwei Stunden echt gut unterhalten und viel gelacht. Er hat sich wie ein Gentleman verhalten und ich hab mich total wohl mit ihm gefühlt. Ich bin auch meinen Standards treu geblieben und hab ihm klar gesagt, dass ich nur etwas Festes suche. Am Abend freute ich mich, als ich seine Nummer auf WhatsApp aufblinken sah. Jedoch kam auch gleich die Ernüchterung, beim Lesen seiner Worte. Er schrieb mir, dass er mich zwar sehr nett findet und die Stunden mit mir genossen hat, aber noch nicht bereit für so was sei. Die Trennung von seiner Ex-Frau wäre einfach noch zu frisch. Ich mein, was heißt überhaupt ›für so was‹? Wir waren Eis essen, nicht mehr und nicht weniger. Ich wollte ihn ja nicht gleich heiraten, verdammt, sondern mich einfach nur mal endlich wieder verlieben.« Sie wischte sich wütend eine Träne aus dem Gesicht. Man konnte merken, wie sehr sie kämpfte, um nicht gleich komplett loszuheulen. »Wieder kein erfolgreiches Date. Ich scheiß echt scho drauf und glaub, ich bleib für immer allein!«

Wir konnten die Gefühle von Katharina so gut verstehen. Was wir aber gleichzeitig ganz stark herausspürten, war ihr hoher Erwartungsdruck, der immer wieder zu Enttäuschungen führte. Mal ganz nüchtern betrachtet: Was ist geschehen? Sie hatte ein nettes Date mit einem netten Mann und es passte nicht. Auch für sie nicht. Denn, wenn sie ganz ehrlich zu sich selbst war, mochte sie definitiv keinen Mann, der noch an der Ex hing. Somit war auch er nicht der Richtige für sie. Mehr ist nicht passiert. E.O.S. (»End of story« ist unser persönlicher Code, wenn wir eine Sache ohne großes TamTam einfach abhaken). Sie ist aber fürchterlich enttäuscht und verletzt, weil ihre Erwartungen nicht erfüllt wurden.

Um nicht in diese Falle zu tappen und frustriert wie Katharina das Hangerl zu werfen, sondern dich stattdessen an deinen Dates erfreuen zu können, ist es so wichtig, dir vor jedem Rendezvous eine klare Intention zu setzen.

Was ist deine Intention?

Zeit für eine kleine Reflexionsübung. Nimm dir Stift und Zettel zur Hand und spür mal richtig gut in folgende Fragen hinein:

◇ *Welche Erwartungen hab ich an den Mann?*

◇ *Welche Erwartungen hab ich an das Date?*

◇ *Welche Erwartungen hab ich an mich selbst?*

◇ *Was macht für mich ein erfolgreiches Date aus?*

Typische Antworten, die oft in Frauenköpfen kreiert werden (und möglicherweise auch auf deinem Zettel zu lesen sind):

◇ *Wir treffen uns, wir beide mögen uns, er fragt mich nach einem zweiten Date und wir gehen ab sofort unseren Weg gemeinsam.*
◇ *Ich möcht, dass er mich mag.*
◇ *Ich möcht wissen, ob wir zusammenpassen.*
◇ *Ich will herausfinden, ob er mein Richtiger ist.*
◇ *Hat dieser Mann das Potenzial, der Vater meiner Kinder zu sein?*

Versteh uns bitte nicht falsch. Wir können diese Wünsche mehr als nachvollziehen. Doch Achtung! All das liegt außerhalb deiner Kontrolle und wenn das Gewünschte nicht eintritt, fühlst du dich wie ein Loser, der es wieder verkackt hat. Dann steigen Gedanken in dir hoch wie: Warum mag er mich nicht? Ich bin nicht (gut/schön/liebenswert/...) genug. Was stimmt nicht mit mir? Was hab ich (schon wieder) falsch gemacht? Oder: Niemand will mich und ich bleib wohl wirklich übrig.

Das ist so vernichtend und kratzt ganz schön an deinem Selbstwert. Stimmt's? Diese Gedanken entstehen jedoch genau aus all deinen Erwartungen, die einfach nur großen Druck erzeugen. Dabei bist du komplett im Kopf statt im Gefühl. Das macht es dir schwer, präsent zu sein, den Moment zu genießen und dich zu verbinden (ja, in erster Linie mit dir selbst, schönste Frau). Dadurch fällt es dir schwer, locker, entspannt und selbstbewusst bei deinen Verabredungen zu sein. Kein Wunder, dass sich Dating anstrengend und entmutigend anfühlt.

Um ein schönes Gefühl bei und nach dem Date zu haben, ist es wichtig, den »Erfolg« anhand gesunder und empowernder Intentionen zu messen.

Ein paar Beispiele:

◇ *Ich hab einen Menschen kennengelernt.*

◇ *Ich hatte Spaß.*

◇ *Ich bin mir selbst treu geblieben.*

◇ *Ich bin zu meinen Standards gestanden.*

◇ *Ich hab mich authentisch gezeigt.*

◇ *Ich weiß, ob es ein weiteres Date gibt oder nicht.*

Erkennst du den Unterschied? Mit diesen Intentionen gibt es keine deprimierenden Dates mehr, sondern es wird so gut wie jedes Date zum Erfolg. Ganz egal, ob du den Mann wiedersiehst oder nicht: Es geht um deine Energie und Ausstrahlung, die sich mit diesem Mindset-Shift ändert. Also spür jetzt noch mal gut hin und wähle weise, Liebes:

◇ *Welche Intention setzt du ab sofort für deine Dates?*

Wir spüren bis hierher, wie sehr du immer mehr und mehr bei dir ankommst. Weg vom Außen. Hin zu dir. So großartig lässt du dich ein!

Es geht gar nicht darum, ob ER der Richtige für dich ist, sondern dass DU dich ausprobierst, Dinge tust, die sich gut anfühlen und dir Freude bereiten. Und dass du die Liebe und das Leben genießt. Niemand weiß, was passiert, aber (und nur darum geht es in der Liebe), wenn du voller Freude und Leichtigkeit an die Sache (und den Mann) rangehst, kann sowieso nichts schiefgehen. Wenn sich ein weiteres Date entwickeln sollte, dann wunderbar. Und wenn nicht, ist auch alles super, denn dann war er noch (!) nicht der Richtige für dich. Versuch bei dir zu bleiben und deiner Intuition zu folgen.

Gedanken vor einem Date
Was dich wunderbar unterstützt, sind folgende Impulse: Wie stell ich mir eine schöne Kennenlernphase vor? Wie möchte ich erobert werden? Will ich ausgeführt werden oder spazieren gehen? Möchte ich in ein schönes Restaurant eingeladen werden oder auf einen Kaffee gehen? Was auch immer es ist, es muss nicht zu 1000 Prozent genauso ablaufen, sondern du darfst dir die Energie dahinter bewusst machen: Wie möchte ich mich fühlen?

Es geht beim ersten Date mal nur um ein Beschnuppern und Kennenlernen.

Was machst du vor dem Date?

Dich energetisch in Schwung bringen, laut deine Lieblingsmusik hören (am besten aus den Achtzigern), noch lauter mitsingen (ja, gerne auch falsch), freudig tanzen, Vorfreude fühlen, gespannt sein, dich auf einen anderen Menschen freuen und auf seine Geschichte neugierig sein, einfach mal entspannt schauen, was das Treffen so bringt. Stell dir vor, wie das Date erfolgreich und angenehm verläuft und wie du dabei entspannt in deiner Göttinnen-Energie ruhst.

Stell dir die richtigen Fragen vor dem Date
◇ Welche Standards und Werte sind mir wichtig? (statt: Wie muss ich sein, damit sich dieser Mann in mich verliebt?)
◇ Ob ich ihn wohl interessant finden werde? (statt: Hoffentlich mag er mich!)
◇ Wie gestalte ich mir morgen weiter mein erfülltes Leben? (statt: Was, wenn er sich danach nicht meldet?)
◇ Was hat er sich wohl für mich überlegt, um mich zu beeindrucken? (statt: Womit könnte ich ihn beeindrucken?)

Was machst du während des Dates?

Genießen, Spaß haben, du selbst sein. Du musst dich keinesfalls verstellen oder die Coole spielen – der Richtige erkennt dich, wenn du dich (echt und authentisch) zeigst. Und wenn es nicht passt, dann war er nicht der Richtige für dich. Nicht mehr und nicht weniger – also bitte nicht persönlich nehmen!

Ach ja: Auch der Mann ist nervös. Ihr seid beide fremde Menschen, die sich kennenlernen – das darf man nie vergessen. Der Mann findet daten genauso herausfordernd und wartet sehnsüchtig darauf, die Frau zu treffen, die zu ihm passt.

Stell dir die richtigen Fragen während des Dates

◇ Wie fühl ich mich gerade? (statt: Wie fühlt er sich mit mir?)

◇ Wie fühlt sich seine Nähe an? (statt: Sollte ich noch mehr geben?)

◇ Wie riecht er? (statt: Hoffentlich mag er meinen Duft.)

◇ Hab ich ein gutes Gefühl oder liegt mir was im Magen? (statt: Gefall ich ihm und bin ich interessant für ihn?)

◇ Was ist gerade besonders schön? (statt: Was muss ich tun, um ihn zu beeindrucken?)

◇ Möchte ich ihn wiedersehen? (statt: Wird er mich nach einem weiteren Date fragen?)

Was machst du nach dem Date?

Das, was dir guttut. Deine weibliche Energie ist deine Essenz und bringt dich immer wieder zu dir. Komm in den Moment. Tanz, mach etwas, das dir Freude bereitet, nimm ein schönes Bad, sei bei dir, förder die Langsamkeit: langsam duschen, eincremen, liebevoll zu dir sein, deine Lieblingsserie schauen, aufgeregte Gefühle fühlen. Und: Bitte nicht ständig aufs Handy starren, ob er nun eeeeeendlich schreibt, und auch nicht alles bis ins kleinste Detail zerdenken und überanalysieren (*zwinkerndes Kuss-Emoji*).

Stell dir die richtigen Fragen nach dem Date
- ◇ Will ich ihn wiedersehen? (statt: Will er mich wiedersehen?)
- ◇ Hab ich mich mit ihm wohlgefühlt? (statt: Hoffentlich hab ich ihm gefallen!)
- ◇ Bin ich zu mir und meinen Standards gestanden? (statt: Konnt ich ihn beeindrucken?)
- ◇ Ist er frei und bereit für eine Beziehung? (statt: Ich bin mir nicht sicher, wonach er sucht.)
- ◇ Hat er sich respektvoll verhalten oder sind Red Flags aufgeploppt? (statt: Hätt ich mich mehr anstrengen müssen?)

High-Value-Fragen, falls es zwischen euch nicht passt

- ◇ Danke für die Erfahrung. Was die Liebe wohl für mich bereithält? (statt: Warum hat das schon wieder nicht geklappt?)
- ◇ Warum will ich einen Mann, der mich nicht will? (statt: Warum will er mich nicht?)
- ◇ Wie kann ich heute die Richtige für mich sein? (statt: Was, wenn er doch wieder nicht der Richtige ist?)

Bei all diesen Fragen geht es darum, dass du weg vom Außen kommst und den Fokus ganz bewusst auf dich lenkst, Herzilein. Denk immer wieder daran: Nach dem ersten (zweiten, dritten, ...) Date geht es rein darum, ob es ein weiteres Date gibt. Nicht mehr und nicht weniger.

Acht sexy Tipps für ein erfüllendes Date

1. Er muss es nicht sein, er kann es sein.
2. Nach dem ersten Date geht's rein darum, ob es ein zweites Date gibt.
3. Wenn er sich nicht mehr meldet, dann ist er sowieso nicht der Richtige für dich.
4. Stichwort Projektionen: Heb den Mann nicht auf ein Podest. Find im real life heraus, ob ihr als Menschen zusammenpasst.
5. Setz dir die richtige Intention. Raus aus dem Druck, der Ungeduld und rein ins Gefühl, in die Freude.
6. Genieß Slow Dating: Du hast alle Zeit der Welt, ihn in Ruhe kennenzulernen und musst nicht sofort wissen, ob er es ist. Lass die Liebe wachsen wie ein zartes Pflänzchen (es muss nicht gleich ein ausgewachsener Baum sein). Vertrau auf die Energie der weiblichen Langsamkeit. Es darf sich alles ganz frei, fließend und in eurem Tempo entwickeln. Ganz ohne Zwang und Ungeduld.
7. Er darf sich gern als Erstes melden. Aber vergiss dabei nicht, auf dein Gefühl zu hören: Möchtest du dich zuerst für das Treffen bedanken, dann go for it, goddess! Spür aber immer hin, ob du aus Liebe heraus handelst (weil es so nett war und du so eine Freude hattest) oder aus der Angst (um ihn am Ball zu halten und deine Unsicherheit/Ungeduld zu ertragen).
8. Wenn dein letztes Date nicht der Richtige war, dann sei dir sicher: ER wartet da draußen auf dich und der Nächste könnte somit dein Mann fürs Leben sein.

Fakt ist: Richtig gute Männer gibt es. Überall. Und den Richtigen gibt es auch. Und zwar für dich, du schöne Zuckerpuppe. Du wirst ihn finden. Und er dich. Und ihr werdet gemeinsam Hand in Hand nebeneinanderstehen und sagen: »Endlich hab ich dich! Und genau so wollte ich das immer haben.« Ja, genau so wird es sein. Davon sind wir üüüüüüüberzeugt.

Kurztrip nach Tinderland – warum du wirklich nicht online daten musst, um den Richtigen zu finden

♡ ♥ ♡ ♥ ♡ ♥ ♡ ♥ ♡ ♥ ♡ ♥ ♥ ♡ ♥ ♡ ♥ ♡ ♥ ♡ ♥ ♡ ♥ ♥ ♡ ♥ ♡ ♥ ♡ ♥

Stell dir vor, du organisierst eine Punschparty und nur eine Person kommt. Okay, erst mal klingt das eher frustrierend. Aber was, wenn diese eine Person dein Richtiger ist?

Genau das ist einer unserer Klientinnen passiert. Uta arbeitet in einer kleinen Firma mit gut 20 Mitarbeitern. Letztes Jahr hat sie ein kleines Get-together mit ein wenig Punsch und Glühwein organisiert. Sie war noch ganz neu und wollte alle mal besser kennenlernen. Aufgrund von Corona und den damaligen Umständen konnte jedoch fast niemand kommen. Außer einem. Und der ist jetzt ihr Verlobter.

What? So einfach kann es gehen? Absolut! Und das ganz ohne Online-Dating.

Utas Liebesgeschichte ist eine von vielen, die wir so gern teilen (in unserem Pudelnackert-Podcast gibt es noch viel mehr davon). Wir lieben es nicht nur, mit der Liebe zu arbeiten, sondern all die Liebesgeschichten in der Welt wie Konfetti zu versprühen. Die Liebe ist unermesslich und man weiß einfach nie, wohin eine kleine Puncheinladung dich führen kann.

Wir persönlich stehen ja extrem auf diese echten, traditionellen Liebesgeschichten – so ganz ohne Swipe. Ein Lächeln auf der Straße, das zum ersten Date führte. Der Griff zum selben Paprika im Lebensmittelladen, der Jahre später deswegen noch als Lieblingsessen bezeichnet wird. Der Spaziergang mit dem Hund, bei dem man plötzlich einem zweiten Hundebesitzer begegnet und jetzt nicht nur das Hundetraining, sondern auch eine Familie teilt. Der Arbeitskollege, der viele Jahre nebenan im Büro sitzt und eher langweilig erschien, bis es auf einmal wie der Blitz einschlägt und daraufhin das gemeinsame Heim gebaut wird. Ja, diese Geschichten meinen wir. Die ganz normalen eben. Darauf stehen wir. Geschichten, die es vor Tinder gab, und die auch heute noch existieren.

Online-Dating ist ja so eine Sache und es gibt sehr viele unterschiedliche Meinungen dazu. Wir sagen dir gleich, wie es ist, Herzilein: Wir halten von dieser Swipe-Welt nicht sonderlich viel. Es hat sicher viel Positives gebracht: einfacher, schneller Zugang. Mehr Auswahl. Mehr Möglichkeiten, Menschen zu finden. (Mehr fällt uns dann aber auch schon nicht mehr ein.) Ob das alles so positiv ist, sei mal dahingestellt, denn unserer Meinung nach hat Online-Dating auch viel dazu beigetragen, dass es schwieriger wurde, daran zu glauben, dass es auch einfach und ohne App geht. Online-Dating kann schon richtig verunsichern, wenn man sich wie auf dem Fleischmarkt fühlt. Schön. Nicht schön. Sexy. Uh, hässlich. Mann mit Sixpack. Mann mit Kind. Einmal links. Einmal rechts. Wie beim Cha-Cha-Cha. Oder beim Line Dance. Alles dreht sich dann nur mehr um das perfect match zum ewigen Liebesglück. Da fällt es dann schon mal schwerer, »in echt« in Kontakt zu treten. Wie geht das noch mal mit dem »Darf ich dir ein Getränk spendieren?« Oder mit dieser einladenden, flirtenden Energie einer Frau, die ganz natürlich den Jagdinstinkt des Mannes weckt? Via App nur schwer möglich. Alles dort ist sehr schnelllebig, sehr stressig, macht müde und kann dich schon mal in eine Art »Tinder-Burn-out« katapultieren.

Versteh uns bitte nicht falsch. Online-Dating ist für viele Frauen sicher ein toller Zugang, um Männer kennenzulernen, und es haben schon viele Paare auf diesem Weg zueinander gefunden. Aber es gibt eben auch viele Singles da draußen, denen diese Form der Partnersuche keinen Spaß macht und die in diesem Online-Dschungel absolut überfordert sind, den wahren Tarzan zu finden.

Aber es bleibt mir doch nichts anderes übrig, oder?

Als Single nach einer Runde im Tinder-Game überkommt einen schon mal der Gedanke, lieber allein zu bleiben. Da wird eher geflucht als gejubelt. Oder sich ein neues Hobby angeeignet. Stricken zum Beispiel. So viele Frauen denken, dass Wollsocken stricken immer noch besser ist, als die letzte Hoffnung in die Onlinedating-Welt zu legen. Sie haben genug von Männern wie:

Kilian, 38 – Träume nicht dein Leben, sondern lebe deinen Traum.

Xaver, 27 – Suche etwas Festes für zwischendurch.

Martin, 31 – Lass mich dein sexy Deckel sein.

Leo, 43 – Wenn du einen Mann mit Persönlichkeit suchst, hast du Glück. Denn ich habe mehrere.

Peter, 29 – Ja, das sind wirklich 20 cm.

Markus, 40 – Badboy 4 life.

Wir verstehen deinen Online-Dating-Frust sehr gut (gibt es wirklich noch 40-Jährige, die sich als Badboy bezeichnen? Holymoly.) und wir versprechen dir: Du musst (dir) das nicht (an)tun.

Wenn du das alles so nicht willst, dann musst du das auch nicht. Niemals würde es daran scheitern, dass du den Richtigen findest, wenn du die Möglichkeit des Online-Datens nicht nutzt. Nein, du musst wirklich nicht. Bitte tu es nicht, wenn du denkst, du musst. Wir distanzieren uns von Dating-Weisheiten mehrfacher Pseudo-Coaches, die Tipps geben wie: »Nur mit Online-Dating hast du eine Chance.« Oder: »Tinder mindestens zwei bis drei Stunden am Tag, um deinen Mr. Right schneller finden zu können.« Warum? Weil wir komplett im Vertrauen sind, dass die Liebe dich sowieso findet. Du darfst dich entspannen. So ganz à la No-Drama-Banana. Je entspannter du bist, desto mehr kannst du das Hier und Jetzt genießen und machst dich nicht von irgendeinem Glück (oder einer App) im Außen abhängig. Bist du im Vertrauen, ziehst du automatisch das an, was du dir wünschst. Ganz von selbst.

Wir wollen mal unsere ganz persönlichen sieben Pudelnackert-Fakten zum Thema »Online-Dating« mit dir teilen (die ganz ehrlich ur-wahr sind und schon vielen Frauen geholfen haben):

1. Du musst nicht online daten, um den Richtigen zu finden.
2. Wirklich nicht.
3. Wenn sich online daten für dich nicht richtig anfühlt, wird es deinem Richtigen genauso gehen (und daher wird er sich dort auch nicht herumtreiben).
4. Nur weil du nicht online datest, heißt das nicht, dass du als einsamer Single übrig bleibst.
5. Mach das, was sich für dich richtig anfühlt (ja, auch Wollsocken stricken).
6. Der Richtige kommt sowieso.
7. Entspann dich.

Daran darfst du dich halten. Da kann nix schiefgehen.

Der Männer-Dating-Kalender

So viele Ängste halten uns als Single abends wach und der Griff zur Online-Dating-App hat dann (meistens) etwas mit Ablenkung zu tun. Du swipest aus Einsamkeit, aus Langeweile, aus Angst, allein zu bleiben, aus der Sehnsucht heraus, wieder mal etwas zu erleben. Ja, ein Match auf Tinder fühlt sich oft wie ein Abenteuer an. Ein kurzer Dopaminkick. Davon will man immer mehr. Aber das befriedigt einzig das Ego und die Angst (und das führt dich wiederum weiter weg vom Vertrauen und von der Liebe. Dabei sind die doch genau das, was du willst).

Lass dir das mal durchs Herz gehen: Was würde passieren, wenn du heute einfach so deine Dating-App löschst? Wie fühlt sich das an? Befreiend? Beängstigend? Falsch? Was löst das bei dir aus? Da siehst du mal, wie viele Gefühle mit einer App am Handy verbunden sind.

Vielleicht denkst du, dass du dann gar nichts mehr hast. Keine Auswahl. Keine potenziellen Kandidaten. Keine Männer, die es vielleicht sein könnten. Kein Plan B bis Z. Wie bei Leni: Sie hatte einen eigenen Männer-Dating-Kalender auf ihrem Kühlschrank hängen, um den Überblick zu bewahren. Sie wusste genau, mit welchem (gefilterten) Foto sie am meisten Matches bekommt. Am Montag war da das Mittagessen mit Sigi, am Dienstag Eis essen mit James und danach schwimmen mit Benni (aber ohne James) und am Mittwoch dann Kinoabend mit Luis. Ja, Donnerstag, Freitag und vor allem Samstag waren auch verplant. Neben Beruf und Freundeskreis versteht sich. »Gute Männer-Organisation ist alles«, sagte sie immer. Die Suche nach Mr. Right ähnelt da eher einem Dating-Marathon als einem intuitiven, entspannten »Ich lass es fließen und vertraue dem Leben«-Flow.

Leni war so gefangen in ihrem Rad. So getrieben auf der Suche. Und daheim dann so traurig, dass bei so vielen Männern nicht einmal jemand dabei war, der passte und blieb. Und alles drehte sich bei all diesen Ablenkungen immer um eine Frage: Wird wirklich jemals jemand kommen, der mich liebt und bei dem ich mich geborgen fühle? Was ist, wenn nicht?

Ja, er wird kommen. Auch bei Leni stand er auf einmal da. Mittlerweile haben sie einen gemeinsamen Sohn und sind nach Schweden ausgewandert. Woran es lag, dass er auf einmal da war? Sie hat sich wieder auf sich selbst konzentriert. Sie wollte nicht mehr laufen, sondern einfach sein. Sie hat den Fokus wieder auf sich selbst gerichtet und ihr Leben gelebt. Sie ist aus dem Dating-Wahnsinn ausgestiegen und hat ihren Mr. Right bei einem gemeinsamen Spieleabend bei Freunden kennengelernt.

Wenn du an einem einsamen Sonntagabend leichte Würgereflexe unterdrücken musst, weil du schon wieder einen Florian mit Hipster-Hut zur Seite wischst, dann darfst auch du getrost aus diesem Wahnsinn aussteigen.
Und: Dein Leben genießen.
Und: Es auf dich zukommen lassen.
Und: Dich in dich selbst und das Leben verlieben.

Die kraftvollste Dating-App der Welt: deine weibliche Energie, dein offenes Herz, deine klaren Standards kombiniert mit der Entscheidung, dass du nicht weniger verdienst als das große Ganze.

Der perfekte Online-Auftritt lenkt dich noch viel zu sehr vom wahren Leben ab, glaub uns. Würdest du nur mal eben ganz kurz aufblinzeln und dein hübsches Gsichterl heben, könntest du auch den Richtigen sehen, wenn er vor dir steht. Probier's mal aus! Online-Dating ist wirklich nicht alles oder deine einzige, letzte Chance. Im Gegenteil. Die Liebe ist immer da und du musst sie (online) nicht suchen. Das Leben hält so viele Überraschungen und Chancen für dich bereit, du darfst beginnen, sie wahrzunehmen.

Du wirst sicher nicht für immer allein bleiben. Niemals! Das wissen wir ganz genau. Oft ist es so, dass der Richtige noch nicht angeklopft hat, weil du noch mehr für dich da sein und dich noch mehr auf die Beziehung mit dir selbst einlassen darfst. Es darf und soll dir mit dir gut gehen – das ist die wichtigste Beziehung, die du jemals führen wirst. Und das ist immer unabhängig vom Beziehungsstatus.

Lass es fließen und dich von der Liebe führen. Wenn sich Online-Dating für dich nicht richtig anfühlt, dann lass es sein. Wenn es dir Spaß macht, dann schmeiß dich rein (reimt sich sogar). Alles (alles) kommt ganz von selbst. Ob per Swipe oder per Lächeln auf der Straße. Geht si ois aus.

Dating-App gelöscht. Und wo finde ich jetzt den Richtigen?

♡♥♡♥♡♥♡♥♡♥♡♥♡♥♡♥♡♥♡♥♡♥♡♥♡♥♡♥♡♥

Auf Hansi, unseren Paketzusteller, ist immer Verlass. Er läutet meistens gegen 10.30 Uhr an und bringt mit einem Lächeln und seinem kessen Kapperl das bestellte Päckchen bis vor die Tür. Wir lieben Hansi. Der ist einfach immer gut drauf und hat immer einen guten Schmäh parat.

Wenn bei Larissa ihr persönlicher »Hansi« an der Haustür läutete, war das immer mit einer gewissen Hoffnung verbunden. Vor allem am Valentinstag. Sie glaubte immer an diesen ur-romantischen Moment, an dem ihr ein heimlicher Verehrer genau an diesem Tag einen Liebesbrief per Post zustellen lassen würde. Am letzten Valentinstag überkam sie wieder diese tiefe Sehnsucht. Sie war sogar so groß, dass sie bei jeder Taube, die sich auf ihr Fensterbrett setzte, ganz genau hinsah, ob nicht ein Brief um ihr Beinchen gewickelt war. Eine Liebeserklärung per Brieftaube: Das wäre ja auch mal was.

Es läutete also an besagtem Tag an der Tür. »Halloooooo, ist da die Post?«, sang sie in die Freisprechanlage und nach einem kurzen, lässigen »Jo, na freilich!« drückte sie den Türöffner. Sie blinzelte den Stiegenaufgang hinunter und sah den Postboten mit einem Blumenstrauß in der Hand. Larissa war außer sich. Ihr Herz hüpfte in ihrem Morgenmantel. Wer das wohl sein könnte, der endlich ihren Wunsch erfüllte und endlich kapiert hatte, dass sie die einzig Wahre in seinem Leben ist? War es Sven? Oder wie hieß noch mal der eine Blonde mit dem karierten Hemd letztens? Oh, my goddess. Konnte das wirklich alles möglich sein?

Im Kopf malte sie sich schon ihre gemeinsame Zukunft aus und überlegte, ob sie seinen Namen annehmen sollte oder ob in der heutigen Zeit eher ein Doppelname angebracht wäre. Ob wohl ein süßes Liebesbriefchen bei den Blumen dranhing? Wir werden es gleich sehen.

Der Postler hatte nur mehr zwei Stockwerke zu gehen und dann würde der Traum der wahren Liebe Realität werden. Er tapste die Stiegen hoch. Noch sieben Stufen. Noch sechs. Noch fünf. Noch vier. Man konnte die Blumen schon riechen. »Oh, Rosen. Meine Lieblingsblumen. Da hat sich mein Zukünftiger aber mal was einfallen lassen.« Larissa schmolz dahin. Noch drei, zwei, eins. »Grüß Sie, sind Sie die Frau Bauer?«, fragte der Postmann mit seinem Rosenstrauß. Larissa hieß aber Klaus mit Nachnamen. Ein Fehler in der Matrix. »Bauer hin oder her. Sie können mir die Blumen gern einfach geben«, schnappte Larissa nach ihrem eindeutigen Valentinsgeschenk. »Aber nur, wenn Sie Frau Bauer heißen, schöne Frau«, witzelte der Postbote, der immer einen flotten Spruch auf der Lippe hatte.

Okay, kurz sammeln. Was war hier passiert? Und dann dämmerte es Larissa. Frau Bauer war die Dame im vierten Stock. Die nette alte Dame, für die Larissa öfter mal einkaufen ging. Die bekam Blumen zum Valentinstag? Echt jetzt? »Ich bring Frau Bauer die Blumen vorbei«, schluchzte sie und entriss dem Postboten den Strauß voller Rosen und Hoffnungen. Auf der Karte stand übrigens »Danke für alles, liebste Omi.« Hach, süßer Enkel. Wenigstens ein Mann, der am Valentinstag Liebe verschenkt.

Ja, diese Hoffnung. Sie ist so groß und auch, wenn Larissa enttäuscht war, lass uns dir eins verraten, Liebes: Diese Hoffnung ist so wichtig.

Warum wir diese Geschichte erzählen? Weil es so wertvoll ist, dir diese Hoffnung in jedem Moment zu erlauben. Du darfst wirklich daran glauben, dass alles immer möglich ist. Und das jederzeit. Diese Hoffnung treibt dich an. Ja, manchmal tut sie auch weh. Aber all die Sehnsucht, den Richtigen zu finden, zeigt dir nur, wie sehr du dich auf die Liebe einlassen willst. Die Liebe ist da. Sie ist überall. Sie ist real. Auch in Form eines Blumenstraußes für die Omi, die sich immer um ihr Enkerl kümmert. Und ganz ehrlich: Wer sagt denn eigentlich, dass du nicht die Nächste bist, auf die ein Strauß Rosen wartet, verdammt noch mal? Du kannst deinem Richtigen immer begegnen. Jede Geschichte, die du dir erhoffst und erträumst, ist realistisch.

Und um deine Hoffnung mit ganz viel Liebe zu füttern: Larissa hat mittlerweile ihren Traummann gefunden. Die erste Begegnung passierte an einem ganz normalen Donnerstagnachmittag in einem Lebensmittelgeschäft, als sie versucht hat, eine ziemlich große Schachtel Waschmittel (Larissa geht nicht so gern einkaufen und sorgt gleich für mehrere Wochen vor) in ihren Einkaufswagen zu heben. »Darf ich dir helfen?«, fragte eine tiefe Stimme aus der anderen Ecke. Larissa nickte und ein paar wirklich wundervolle Dates später waren sie ein Paar. Ob sie viele Blumen bekommen hat? Natürlich. Rosen über Rosen. Und das nicht nur am Valentinstag. Ist das nicht auch eine so tolle Liebesgeschichte? Alles begann mit Ariel (wäscht nicht nur sauber, sondern rein). Die besten Geschichten schreibt halt immer noch die Liebe. Wir könnten uns so etwas gar nicht ausdenken.

Und wo finde ich jetzt meinen Mann?

Wir könnten dir jetzt die »Top-3-Orte« auflisten, wo du den Richtigen am ehesten triffst. Auf der Arbeit, im Freundeskreis, beim Sport. Aber befriedigt dich diese Antwort? Uns auch nicht. Vor allem dann nicht, wenn du nur weibliche Arbeitskolleginnen hast und ins Gym gehen nicht so dein Ding ist. Bleibt nur mehr der Freundeskreis, aber die kennst du schon alle seit Jahrzehnten.

Die Liebe ist so individuell und geht so schicksalshafte Wege. Wir können und wollen dir das »Wo« gar nicht beantworten oder gar wegnehmen. Wir wollen der Liebe doch nicht dazwischenfunken, denn die hat einen ganz speziellen Plan für dich. Wir wissen nicht, wo du ihm begegnest, aber wir wissen ganz genau, dass es passieren wird. Dein Richtiger kommt dann, wenn es sein soll. Und das kann immer geschehen. Du wirst dann spüren, dass es sich richtig anfühlt. Es wird sich alles von selbst entwickeln. Du wirst dich wohl fühlen. Du wirst Spaß haben. Vielleicht fliegen schon schnell die ersten kleinen verliebten Schmetterlinge. Oder sie lassen sich noch Zeit und dann schlägt es auf einmal ein wie der Blitz. Ganz egal, wie und wo es sein wird, du wirst diese Liebesreise genießen und dich mehr und mehr darauf einlassen. Ganz ohne Erwartung, ohne Druck, ohne Ungeduld.

Hey, Sis, spür mal hin. Genau in diesem Moment denkt er an dich und wünscht sich nichts mehr, als dich endlich in seinen Armen halten zu können. Ist das nicht schön? Du darfst nicht vergessen, Liebes: Den Mann, den du irgendwann mal heiratest, den gibt es ja schon. Darauf darfst du dich ausrichten. Diese Gedanken machen dein Herz auf. Für ihn. Für dich.

Fakt ist: Es gibt unzählige Möglichkeiten, jemanden kennenzulernen, und es existiert definitiv eine Welt außerhalb von Dating-Apps. Der Verstand beschränkt sich oft nur auf wenige oder die gängigsten Optionen, einen Mann zu finden. Doch in Wirklichkeit gibt es die skurrilsten, romantischsten und ja, auch normalsten Geschichten.

Wie möchtest du deinen Richtigen kennenlernen? Hast du dir das schon einmal überlegt? Wo darf euer erstes Aufeinandertreffen stattfinden? Wie wirst du dich fühlen? Jetzt mal ganz im Ernst. Schmeiß dich mal in diese Vorstellung rein. Fertig dir auch sehr gern eine Liste an. Lass deinen Gedanken freien Lauf. Wo könnte es passieren? Im Schwimmbad. Beim Wandern. Ihr rettet zufälligerweise gemeinsam ein Kätzchen von einem brennenden Baum. Über eine Zeitungsannonce. Der Zeitungskurier, der dich unabsichtlich mit der Morgenzeitung abschießt. Dein

Tischnachbar im Cafe Hawelka, der dich auf eine gute, alte Melange einladen möchte. Beim Töpferkurs, weil ihr beide so große Fans des Films »Ghost« seid.

Überleg dir für diese Liste die witzigsten, liebsten Sachen, um dich auch selbst ein bisserl zum Lächeln zu bringen. Wie es dann wirklich passiert, weißt du noch nicht, aber glaub uns: Mit Spaß und Freude an die Sache ranzugehen, macht vieles viel einfacher.

Das Wichtigste, was du nämlich tun kannst, bis er in dein Leben tritt, ist, dein eigenes Leben zu genießen und es dir schön zu machen. Und das darf natürlich dann in der Beziehung weitergeführt werden. Richt dich auf das Gefühl der Vorfreude aus, anstatt hektisch in der Gegend herumzusuchen wie ein aufgescheuchtes Henderl nach einem Wurm. Du musst deinem Wunsch nach einer Beziehung nicht wild hinterherlaufen, sondern darfst dich bewusst auf die Beziehung mit dir einlassen und den Wunsch vertrauensvoll ans Universum abgeben (wir erinnern dich an die Goddess-Manifestation). Glaub uns: Es wird sowieso alles anders als gedacht. Wie und wo ihr euch kennenlernt, darf die wundervollste Überraschung sein, die du je erlebt hast. Du wirst vollkommen auszucken vor all dieser wahren, echten Liebe und diesem einzigartigen Moment.

Freu dich auf den Tag, an dem ihr euch begegnen werdet (ganz bald, versprochen). Diese Begegnung kann immer, immer, immer passieren. Im Lebensmittelladen. Im Kino. Beim Spazierengehen in deinem Lieblingspark. Im Urlaub. Selbst zu Hause auf der Couch, weil dein persönlicher Postler bei Paketübergabe die Liebe entfacht. Du siehst, uns gehen die vielen Beispiele nicht aus.

Was du tun kannst, um ihm schneller zu begegnen

Dich in Geduld und Vertrauen üben. Nichts muss hier schnell gehen. Alles darf sich entwickeln. Die Zeit, bis du Mr. Right begegnest, und die Zeit, in der ihr euch kennenlernt. Slowly, goddess.

Schmeiß dich voll in die Liebe rein und mach keine halbherzigen Sachen mehr, bis du dich verliebt hast. Ja, das bedeutet auch, dich nicht mehr länger mit Bröserln zufriedenzugeben. Find heraus, was du willst. Was dir wichtig ist. Deine Standards, deine Grenzen. Eine kristallklare Ausrichtung ist hier (wie du bereits öfters von uns gelesen hast) sauwichtig. Find heraus, was dich glücklich macht. Dir Freude bereitet.

Genieß dein Leben. DU bist dafür verantwortlich, dass du jetzt glücklich bist. Nicht der Zukunftsprinz. Das Ego will dir nur einreden, dass du erst richtig in der Liebe ankommen kannst, wenn er da ist. So ist das auch mit der Frage »Wo find ich ihn?« Die ist ego-gesteuert. Wie würde das Vertrauen darauf antworten? Wie würdest du ab sofort handeln, wenn du voll im Vertrauen wärst, dass er sowieso in dein Leben kommt? Wenn dein Richtiger morgen an deiner Türe klopft, was würdest du heute anders machen? Lass dich doch überraschen. Vom Leben. Von der Liebe.

Und wenn du dann sagst »Ja, okay, ich lass mich auf dich ein, liebste Liebe«, dann gehen auf einmal nacheinander Türen auf. Dann fährst du an einem ganz gewöhnlichen Tag mit dem Bus, eine Reihe hinter dir sitzt jemand, der dir plötzlich ganz leicht auf die Schulter klopft, dich anlächelt und fragt »Darf ich dich kurz stören?«. Und das ist dann dein Richtiger. Zack. So schnell geht's. Und ja, so wird es auch bei dir sein. Oder ganz anders. Herzerl auf, Augerl auf. Oh, wie wir uns auf deine Liebesgeschichte freuen.

Meine Erkenntnis aus diesem Kapitel

Spür für dich noch mal ganz bewusst in folgende Reflexionsfragen rein und beantworte sie am besten schriftlich:

◇ Was lasse ich los?

◇ Was nehme ich mir mit?

◇ Was setze ich um?

Und jetzt notier dir deine Erkenntnis. Was auch immer sich bei dir zeigt, es ist genau richtig. Das kann ein Wort, ein Satz oder ein Symbol sein.

....

....

....

....

....

....

....

....

Was? Wir sind bereits beim letzten Kapitel angekommen? Ja, wir sind genauso erstaunt wie du, Herzi. Auch wenn wir sehr traurig sind, dass wir am Ende dieses Buches sind, freuen wir uns einfach so sehr darauf, was ab sofort alles bei dir passieren, heilen, wachsen und beginnen wird. Deine Liebesgeschichte schreibt gerade ihr ganz eigenes Buch mit den wertvollsten Kapiteln.

Spür noch mal bewusst hin: Was darf ab sofort anders sein? Was möchtest du verändern? Was willst du dir noch mehr erlauben und noch mehr leben?

Um dich weiterhin bestmöglich auf deinem Weg unterstützen zu können, wollen wir in diesem Kapitel noch mal ordentlich die Göttinnen-Energie, den Mut, die Hoffnung und die Vorfreude ankurbeln. Es erwarten dich heilsame Übungen, eine kraftvolle Meditation und eine herzerwärmende Liebesgschicht, um dich zum Abschluss noch mal so richtig mit Liebe aufzuladen. All das kannst du immer (und immer wieder) und jederzeit für dich nutzen und aufsaugen.

Vergiss nie: Du hast die Macht, alles, wirklich alles, um dich zu erschaffen, so wie du es möchtest. Wenn du auf bewusste Art und Weise beginnst, deine Energie und deine Gedanken mit Liebe zu füttern, wenn du in deine Verantwortung eintrittst und auf dich selbst achtest, jeden Tag noch mehr, wirst du genau das Leben leben, das du dir erträumst.

Du bist die Schöpferin der Liebe und deiner Beziehungen. Diese gemeinsame Reise beginnt und endet mit der Liebe. Verlieb dich in sie. Verlieb dich in dich selbst. Hab Spaß, lächle, sei begeistert, sei veränderungswillig, sei entspannt, sei du. Zieh die Mundwinkel nach oben und klopf dir stolz auf die Schulter – in dem tiefsten Wissen, dass alles richtig ist, genau so, wie es ist. Allen voran du selbst.

Verfass eine Rede
über dich selbst

Schon mal eine Rede über dich selbst verfasst? Nein? Dann ist es aber definitiv an der Zeit. Denn genau mit dieser Übung starten wir gemeinsam in ein Selbstliebe-Selbstannahme-Erlebnis der Spitzenklasse und dazu benötigst du das wertvollste Geschenk, das es gibt: Nämlich dich. In dieser Übung werden noch mal so richtig Dankbarkeit, Freude und Leichtigkeit aktiviert.

Be proud of you

Du wirst nun eine Rede über dich selbst verfassen, dich selbst in den höchsten Tönen loben und dabei mit dir selbst protzen und prahlen, dass es nur so kracht. Ja, es wird emotional.

Warum wir dir diese Aufgabe geben? Weil du einfach riesig stolz auf dich sein kannst und weil das gefühlt die ganze Welt erfahren darf. Und damit meinen wir wirklich alle. Alle, die dir lieb sind. Alle, die Rang und Namen haben. Alle, die du dir vorstellen kannst. Von deinen Eltern über deine Großeltern, deine Geschwister, deine Freunde, deine Nachbarn, deine Kollegen, deine Vorgesetzten, deinen (zukünftigen) Partner, hochangesehene Menschen, Doktoren, Professoren … Einfach alle wollen hören, wie wundervoll du bist. Und du darfst es allen so richtig schön reindrücken. Mit einer riesigen Portion Goddess-Energy und in purstem Stolz. Du darfst dir bildlich vorstellen, wie dieses riesige Publikum vor dir sitzt und dir zuhört. Über dich staunt. Dich anlacht. Fasziniert von dir ist. Zu dir aufsieht.

Was möchtest du all den Menschen mit vollstem Stolz über dich erzählen? Was sollten sie über dich wissen?

Warum es so wichtig ist, bewusst stolz auf sich zu sein? Weil es enorm deinen Selbstwert und deine Goddess-Energy pusht. Wenn du die Emotion Stolz empfindest, dann verbindest du dich mit dir selbst. In diesen Momenten erkennst du umso mehr, wer du wirklich bist und was dich ausmacht – mit all deinen Ecken, Kanten und Einzigartigkeiten. Du stärkst damit die Beziehung zu dir selbst und das gibt dir ganz viel Kraft und Energie.

Werte dich selbst so richtig, richtig auf und schenk dir das allergrößte Eigenlob, das möglich ist. Eigenlob stinkt? Ganz im Gegenteil. Das riecht wie nach deinem Lieblingscocktail in deinem Lieblings-Urlaubsort voller guter Gefühle. Fang gleich jetzt damit an, dir deiner Erfolge bewusst zu werden – ganz egal, wie groß oder klein sie sind. Werd dir klar darüber, dass du es bist, die all das geschafft hat. Hör bitte damit auf, dich selbst herunterzuspielen. Wenn du etwas geschafft hast, das wirklich nicht leicht für dich war, dann sei verdammt noch mal stolz darauf. Und: Es spielt keine Rolle, ob jede anderes es auch hätte schaffen können. Scheißegal! Du darfst dich für alles feiern, was ist. Für all das, was du geleistet hast. Für all das, was du gelernt hast. Für all deine Anteile, die dich ausmachen. Für all deine Hilfe, die du anderen so bedingungslos schenkst. Für all das Strahlen, das du verbreitest. Für all die guten Dinge, die du für die Welt machst. Sei stolz darauf, dass du dieses Buch gelesen hast und beschlossen hast, dass es anders und leicht werden darf. Während andere im Selbstmitleid versinken, bist du es, die für sich auf- und einsteht und für ihre Wünsche losgeht, um sie zu verwirklichen.

Deine Entschlossenheit und dein Mut sind bewundernswert, Liebes. Du bist eine Inspiration für andere. Geh weiter deinen Weg, mit Stolz und Selbstvertrauen. Die Welt liegt dir zu Füßen.

Hier ein paar Reflexionsfragen als Beispiel, die du in deiner Rede beantworten kannst:

- *Wer bin ich?*
- *Was macht meinen wahren Wesenskern aus?*
- *Worauf bin ich stolz?*
- *Wie fühlt sich dieser Stolz an?*
- *Wofür bin ich dankbar?*
- *Was zeichnet mich aus?*
- *Was sind meine Stärken?*
- *Was ist meine allerbeste Eigenschaft?*
- *Warum fällt es meinem Partner/meinem Zukünftigen so leicht, sich in mich zu verlieben?*
- *Was macht mich richtig sexy?*
- *Wieso fliegen alle Männer auf mich?*
- *Warum bin ich eine pure Göttin?*
- *Womit möchte ich mal so richtig prahlen?*

Lass alles raus, was raus will. Und noch mehr. Und noch mehr. Du darfst dich so sehr loben, wie du es vielleicht noch nie zuvor gemacht hast. DU BIST EINE GÖTTIN! Und genau die verdient heute ihren Platz. Erzähl der ganzen Welt davon. Schreib deine Liebesrede nieder und gib dir dafür all die Zeit der Welt, die es braucht. Wenn du das Gefühl hast, dass alles gesagt wurde (vergiss nicht: So richtig protzen und auf sich stolz sein sind hier verpflichtend), dann geht es auf die Bühne. Du kannst dich dafür sehr gern etwas herrichten, dich schön anziehen, dich schminken, die Göttin in dir zeigen. Alles, wie es sich für dich richtig anfühlt.

Stell dir nun vor, wie du mit einem selbstbewussten Lächeln und einer aufrechten Körperhaltung zur Bühne schreitest. Alle warten schon auf dich. Wenn du dort von einem Moderator begrüßt wirst, schüttle ihm selbstbewusst die Hand und schenk ihm ein kesses Lächeln. Nimm anschließend mit deinem Publikum Kontakt auf. Spür die Energie im Raum. Stell dir vor, wie all die Menschen nur darauf warten, endlich deinen Worten zu lauschen.

Und dann LOS. Lies deine Rede jetzt laut vor. Spür die Energie des Stolzes, der Selbstannahme und Selbstliebe in vollen Zügen. So großartig, Schwester.

Wenn du Lust hast, kannst du deine Rede auch gegenüber deiner Familie oder Freunden laut vortragen. Das wäre dann das nächste Level. Und sie würden sich ganz bestimmt darüber freuen, davon zu hören.

Wichtig: Auch, wenn es sich im ersten Moment komisch anfühlen könnte, über sich selbst so viel Positives zu erzählen, darf das alles sein. Das macht man ja (noch) nicht alle Tage. Wenn es sich ungewohnt anfühlt, empfehlen wir dir erst recht, noch mehr davon zu machen und noch mehr Worte des Stolzes zu finden. Wir tricksen den Verstand gezielt aus und er darf mal so richtig still sein. Psst, Verstand! Zurück in deinen Urlaub. Jetzt hat die Göttin Platz.

Als Zusatzaufgabe rahm deine Rede nach Ende deines Vortrags bitte ein, such einen passenden Platz in deinem Zuhause und häng sie dort auf. Spür dich da gut hin und entscheid dich ganz bewusst dazu, dir diese Rede auch immer wieder herzuholen und durchzulesen. Das aktiviert die Göttin in dir immer wieder aufs Neue, falls du sie mal kurz verloren hast.

Unendlich viel Freude damit und gib alles. Großartig machst du das. Du kannst wirklich so, so stolz auf dich sein!

Liebesbrief an deinen Richtigen

♡ ♥ ♡ ♥ ♡ ♥ ♡ ♥ ♡ ♥ ♡ ♥ ♡ ♥ ♡ ♥ ♡ ♥ ♡ ♥ ♡ ♥ ♡ ♥ ♡ ♥ ♡ ♥

Achtung! Jetzt wird's romantisch! Mit dieser Übung laden wir dich dazu ein, dich energetisch mit deinem Richtigen zu verbinden. Und ja, diese Übung beinhaltet auch versteckte Hexenmagie, aber so ganz ohne »Hasenfuß und Hühnerei, Zaubergeister, fliegt herbei!« und dafür mit ganz vü Gfühl.

Es gibt da draußen tatsächlich einen Mann, der sich genauso nach dir sehnt wie du dich nach ihm. Einen Mann, der dieselbe Beziehung will wie du. Der ganz genau weiß, dass du die wundervollste Frau des gesamten Universums bist. Der sein Leben mit dir teilen und eure gemeinsame Zukunft planen möchte. Dieser Mann ist dein zukünftiger Partner. Dein Richtiger. Dein Schatzi.

Wir wissen ganz genau, wie sehr du dich schon auf ihn freust. Vertrau: Er ist da draußen und kommt zum richtigsten Zeitpunkt in dein Leben. Und genau diesem wundervollen Mann schreibst du jetzt einen Liebesbrief.

Liebster Traummann ...

Richt dir Stift und ein paar Zettel her und nimm dir für diese Aufgabe ein bisserl Zeit. Gestalt dir auch unbedingt eine schöne, romantische Atmosphäre. Stell eine Kerze auf und mach dir gefühlvolle Musik an.

Atme. Atme ein und atme aus. Ganz bewusst. Drei-, vier-, fünfmal. Und stell dir vor, du bist mit deinem Traummann jetzt schon ein Jahr zusammen. Ihr liebt euch wirklich sehr und führt eine wunderschöne, gesunde und ganz normale Liebesbeziehung. Denk an euren Alltag. Wie lebt ihr? Wie verbringt ihr die Zeit miteinander? Welche Gefühle löst er in dir aus? Welche

Eigenheiten hat er? Wie zeigst du ihm deine Liebe und wie er dir seine? Welche Momente hast du besonders mit ihm genossen? Welche Gespräche? Wofür bist du ihm dankbar? Was wünschst du dir für euch?

◇   *Verbind dich mit deinem Mann.*
◇   *Fühl ihn.*
◇   *Spür seine Liebe.*
◇   *Deine Liebe.*
◇   *Eure Liebe.*
◇   *(Ja, das geht.)*

Schreib ihm nun den emotionalsten, leidenschaftlichsten und ehrlichsten Liebesbrief deines Lebens. Schreib intuitiv alles runter, was du ihm gern mitteilen möchtest. Mach dir keine Gedanken um Grammatik und Rechtschreibung, sondern nur über deine Liebe zu ihm. Halt keine Gedanken zurück. Ein Wort führt zum nächsten und deine Gefühle entfalten sich auf dem Papier. Deine Worte und deine Liebe fließen nur so aus deinem Herzen heraus. Schreib so lang, bis alles draußen ist. Du wirst den Moment spüren, dann, wenn nichts mehr aus dir und deinem vor Liebe überquellenden Herzen raus möchte.

Wenn du fertig bist mit dem Liebesbrief an deinen zukünftigen Partner, kannst du deine Herzensworte auch noch mal auf ein schönes, besonderes Briefpapier schreiben und in ein Kuvert stecken (ja, auch zukleben). Wenn du möchtest, kannst du noch einen liebevollen Kuss und einen Spritzer deines Lieblingsparfums draufgeben. Leg diesen Brief an einen sicheren Ort und öffne ihn erst (allein oder gemeinsam mit deinem Richtigen) am ersten Jahrestag, den du mit deinem realen Mr. Right feierst.

Wir versprechen dir, diese Übung wird ganz, ganz viel mit dir und für dich machen.

Welche Beziehung würdest du erschaffen, wenn alles möglich wäre?

Zum Abschluss haben wir noch etwas für dein Herzerl, und zwar eine wunderschöne und kraftvolle Meditation, die dir dabei hilft, all das in dein Leben zu ziehen, wonach du dich soooo sehr sehnst. Sie unterstützt dich dabei, dein Herz so richtig schön zu öffnen und dabei ins Vertrauen zu kommen. Diese Reise wird dich fühlen lassen, wie wundervoll du bist, dass du unendliche Möglichkeiten hast, alles zu erschaffen, was du möchtest.

Und jetzt wünschen wir dir ganz viel Freude damit und hoffen, dass du dich danach so richtig mit Liebe durchflutet fühlst.

Meditation

- ◇ *Mach es dir bequem. Schließ deine Augen und atme ruhig durch die Nase ein und wieder aus. Noch mal. Einatmen und wieder ausatmen. Einfach atmen und wahrnehmen, was jetzt gerade da ist. Du musst nichts verändern oder tun. Nur deinen Atem beobachten. Wie er kommt und geht.*

- ◇ *Mit dem nächsten Atemzug atme ganz bewusst in dein Herz. In deinen Herzraum. Öffne ihn. Weite ihn. Mach ihn weich.*

- ◇ *Stell dir vor, wie sich dein Herzraum mit jedem Atemzug weiter ausdehnt. Wie es ganz warm wird um dein Herz. Weich. Hell.*

◇ *Und nun nimm wahr, wie sich die Wärme und das Licht ausbreiten. Über deinen gesamten Brustkorb. Deinen Rücken. Nach unten über deinen Unterleib. Deinen Po. Deine Pussy. Deine Oberschenkel. Deine Unterschenkel. Deine Waden. Bis zu deinen Zehenspitzen.*

◇ *Jetzt breiten sich Wärme und Licht nach oben über deinen Hals aus. Deinen Nacken. Dein Gesicht. Deinen Hinterkopf. Bis zur Schädeldecke und in die Haarspitzen.*

◇ *Einfach weiteratmen und fühlen, wie sich mit jedem Atemzug die Wärme und das Licht verstärken, vergrößern und intensivieren. Lass es kribbeln und brodeln in dir.*

◇ *Spür, dass genau jetzt und immer alles, alles, alles für dich möglich ist. Geh in deine innere Welt und stell dir vor, dass alles gelöscht ist. Alle Informationen sind weg. Alles, was du erlebt hast, ist weg. Alle Prägungen, Muster, Blockaden sind weg. Alle Zweifel, Glaubenssätze und Ängste sind weg.*

◇ *Und du bist einfach voller Mut, Potenzial, Liebe, Kreativität, Weiblichkeit, Wissen, Energie und Lebensfreude. Und du weißt mit absolut 100-prozentiger Sicherheit: Alles ist möglich. Alles ist für dich möglich.*

◇ *Was möchtest du nun tun? Was möchtest du erschaffen? Welche Beziehung möchtest du kreieren? Welche Liebesgeschichte möchtest du schreiben? Was wäre das Schlagobers auf deiner Sachertorte? Was fändest du richtig, richtig grenzgenial und urururleiwand in deinem Liebesleben? Wie würdest du lieben? Wie würdest du leben? Wie fühlst du dich in dir?*

◇ *Lass Gefühle hochkommen. Lass Freude hochkommen. Lass Bilder hochkommen. Lass diese Bilder zu dir kommen. Zieh sie zu dir ran und erlaub dir, sie zu empfangen. Spiel ein bisserl mit diesem Raum der unbegrenzten Möglichkeiten – erlaub dir, einzutauchen und wahrzunehmen.*

- ◇ *Bleib, solang du möchtest, in deinem inneren Raum. Und erst wenn du alles aufgenommen und ausgekostet hast, leg deine Hände auf dein Herz und tauch noch mal bewusst in die Wärme und das Licht ein.*
- ◇ *Nimm noch mal drei tiefe Atemzüge in dieser wunderschönen Liebesenergie. Nimm dir alles mit, was du möchtest. Halt es in deinem Herzen fest und wenn du bereit bist, komm wieder zurück ins Hier und Jetzt. Öffne langsam und in deinem Tempo deine Augen. Reck dich und streck dich ein bisserl und fühl dich frisch, wach und unendlich geliebt.*

Willkommen zurück, du zauberhafte Sternenseele. Wir hoffen, die Meditation hat dir gutgetan und du konntest dich sooo richtig mit Liebe aufladen und fühlst, wie wundervoll, besonders und großartig du bist. Du hast alles, was du brauchst, und kannst dir ein Leben voller Liebe erschaffen.

Du bist nicht deine Angst. Du bist nicht deine Geschichte.
Du bist so viel größer. Weiter. Sanfter. Empfänglicher.
Du bist das Wunder an sich.
Du bist so, so liebevoll.
Du bist Liebe.
Trau dich, dein Herz zu öffnen. Für dich.
Lass los und genieß dich.

Mach diese Meditation unbedingt öfter. Sie entfaltet ihre Kraft von Mal zu Mal immer mehr und mehr.

Die letzte Liebesgschicht

Wunderschönste Frau, wir sind nun tatsächlich am Ende dieses Buches angekommen und du hast eine aufregende Reise voller Erkenntnisse und heilsamer Prozesse hinter dir. Sei bitte so richtig stolz auf dich (wir platzen auf jeden Fall fast, so stolz sind wir auf dich).

Zum Abschluss möchten wir dich mit all unserer Liebe noch an etwas Wichtiges erinnern: Deine »letzte Liebesgschicht« ist nicht die, die du mit deinem Richtigen schreibst, sondern die, in der du erkennst, wie unsagbar wundervoll du bist. Der Tag, an dem du für dich entscheidest, dass du mehr möchtest und mehr verdienst: der ändert alles. Das Universum setzt dann alles für dich in Bewegung, um deinen Wunsch zu erfüllen. Und du darfst dem Universum einen großen Schritt entgegengehen. Also: Mach dich bereit und verletzlich für die Liebe. Es kommt nicht immer alles von selbst auf einen zugeflogen. Manchmal braucht es Schweiß, Dünger, Tränen und pudelnackerte Ehrlichkeit. Du weißt ja mittlerweile, wie das mit dem Dünger ist. Jeder Scheiß, der dir passiert, ist ein Zeichen dafür, wo es wertvolles Potenzial für Heilung und Wachstum für dich gibt.

Wir sehen dich, du wunderbares Wesen. Bezaubernde Frau. Liebevolle Seelenschwester. Du bist voller Magie, Überraschungen und Wunder. Und dein Herz geht über vor Liebe.

Wir danken dir so sehr für dein Frau-Sein. Danke für dein Vertrauen. Danke für dein dich Einlassen. Ehr deine feminine Energie. Ehr dich und deine Weiblichkeit. Lern zu empfangen und dich ganz entspannt zurückzulehnen. Erinner dich immer an die Göttin in dir. Verbind dich mit ihr und erlaub dir, die Frau zu sein, die du bist.

Ja, du darfst dich voll und ganz zeigen und sagen: »JA, DAS BIN ICH! Und ich bin genau RICHTIG, wie ich bin!« Zeig dich. Mit allem, was zu dir gehört.

Und wir beide sagen dir hier und jetzt noch mal ganz eindringlich: Glaub daran. An dieses Wahnsinnsgefühl. Glaub daran, dass man sie finden kann. Glaub an die Liebe. Glaub daran, dass alles für dich möglich ist.

D.U. V.E.R.D.I.E.N.S.T. D.A.S. G.R.O.S.S.E. G.A.N.Z.E.!
We love you!
So much!

Deine Schwestern und Coaches,
Lila & Steffi

Und zum Abschluss bleibt uns nur noch eins zu sagen: Liebe, Bussi, Baba.

Wos haßt des jetzt oder Was bedeutet eigentlich?

a Aug aufreißen: schön blöd schauen
a: ein/eine/einer
abbeuteln: durchschütteln
abstrudeln: abmühen
ah geh: ach komm
alles is leiwand: alles ist richtig, wie es ist
anbandeln: flirten
ansudern: anjammern
anzipfen: ärgern, auf den Senkel gehen
Armutschkerl: armselige Person
aufblinzeln: aufschauen
aufbrezeln: sich schön machen, rausputzen
Augerl: Augen
ausm: aus dem
auszucken: außer sich sein

Betthaserl: willige Bettgenossin
bimmeln: klingeln
bisserl: bisschen
Bist du depatt? Bist du wahnsinnig?
Bleampl: dummer Mensch/Mann (unser Lieblingswort für diese Gattung)
bled schaun: dämlich schauen
Bröserl: Krümel
Brotbröserl: Brotkrümel
Bussi: Kuss (nicht erotisch)

Cafe Hawelka: eins der bekanntesten Kaffeehäuser in Wien

da steigt uns die Grausbirn auf: da stellen sich uns alle Nackenhaare auf
Damma wos: Tun wir was
dawischen: erwischen
deppert: doof
Des is oarg: Das ist ein unglaublich heftiges Gefühl
Dodl: Idiot
Dschibuti: Land in Ostafrika

eh: doch, ohnehin, sicher, sowieso
reinkippen: reinsteigern
Enkerl: Enkel, Enkelkind

Fix-zam-Paar: festes Paar
Fix-Zam-Partner: feste Partner
fix: sicher
flutschiger: fließender

Ganslhaut: Piloerektion oder salopp gesagt: Gänsehaut
gatschig: matschig
Geht si ois aus: Es ist genug (Zeit, Platz, Geld o. Ä.)
geht sich nicht aus: passt nicht
gemma: geht schon los!

Gesundheitsschlapfen: Gesundheitsschuhe

Gfühl: Gefühl

Gimpfte aufgeht: der Kragen platzt

Glaserl: Gläschen

gö?: nicht wahr?

goa net: gar nicht

gonz wos Neichs: etwas ganz Neues

Gramatneusiedl: Synonym für „Am Arsch der Welt". Marktgemeinde mit 3697 Einwohnern (Stand 1. Jänner 2022) im Bezirk Bruck an der Leitha in Niederösterreich

gschamig: verschämt

gscheit: ordentlich, richtig

Gscheitling: Besserwisser

Gschicht: Geschichte

Gschichten: Geschichten

gschissenen: beschissenen

gschissn dawischt haben: das Leben meint es nicht gut mit einem

Gschisti-Gschasti: übertriebenes Herumgetue, Tamtam

gschmackig: lecker

Gsichterl: Gesicht

Gspusi: Liaison, sexuelles Verhältnis

Häferl: Tasse

Hangerl: Geschirrtuch

Hapfn: Bett

Haserl: Hase

Hawara: Mann, Freund, Geliebter (je nach Zusammenhang)

Haxerl: Bein

heast: hör mal

Henderl: Huhn

Herzerl: Herz (auch Kosename)

Herzi: Herz (auch Kosename)

herzig: süß, lieb, niedlich

Herzilein: Herz (auch Kosename)

hinhudeln: hinstressen

Hoserl: Unterhose

in die Hapfn haun: ins Bett hüpfen, schlafen gehen oder mit jemanden schlafen

Jammertal: laut Duden Stätte der Not, des Elends, die Welt als Ort des Leidens

Jean: Jeans

Jo na freilich: Ja, na sicher!

Kapperl: Baseball Cap

Kleiderkasten: Schrank

leiwand: großartig

Liebesgschicht: Liebesgeschichte

Lulu: Schwächling

Mädi: Mädchen

Madl: Mädchen

Manderl: Mann

Mascherl: Schleife

Melange: österreichische Kaffeespezialität aus 1 Teil Kaffee und 1 Teil Milch mit einer kleinen Haube aus geschäumter Milch

meschugge: verrückt

motschkern: schimpfen

narrisch: verrückt

nix: nichts

nur mehr: nur noch

oarg: arg, heftig

Oasch: Arsch

ÖBB: Österreichische Bundesbahn

Oida: Alter, Ausdruck des Erstaunens, des Ärgers oder der Freude
ois kloa: alles klar

Pantscherl: heftiger Flirt, Affäre
passt scho: alles in bester Ordnung
Pfiati, baba: Auf Wiedersehen!
Pfitschipfeil: Flitzebogen
Popscherl: Popo
Popschiloch: Popoloch (liebevoll für Arschloch)
pudelnackert: seelisch nackt

Realitätswatschen: Ohrfeige der Realität, Ernüchterung

Sachertorte: Schokoladentorte mit Aprikosenkonfitüre und Schokoglasur; Spezialität der Manufaktur Sacher und nicht aus der Wiener Küche wegzudenken
Sautrottel: sehr dummer Mensch
Schäkerei: Flirt
Schas: Pfurz oder auch unnötiger Blödsinn
Schlagobers: Schlagsahne
Schmafu: Unsinn
Schmäh: Humor, Witz
scho: schon
Schokokipferl: Schokohörnchen (österreichischer Süßspeisenklassiker)
Schönbrunn: gemeint ist der Schlosspark Schönbrunn
Schweindl: Schwein
schwer: sehr
sich zamreißen: sich zusammenreißen

stierln: herumstochern
stingade Gsöchts: fauler Mensch; stinkendes, verfaultes Geselchtes/Rauchfleisch (aus Schweinefleisch hergestellte Kochpökelware; österreichische Spezialität)

übergehen: überlaufen
umadum: rum, herum
ur: sehr
urleiwand: sehr bzw. extrem großartig
urromantisch: sehr bzw. extrem romantisch
unwahr: ungelogen

verplempern: verschwenden
verschaute: verliebte
vollraunzen: volljammern
vü: viel

Watsche: Ohrfeige
Watschenmann: mannsgroße Figur im Wiener Prater
Weckerl: Brötchen
Weiberl: Frau
wia: wie
wischiwaschi: sinnlos, unklar
wutzi-klein: winzig

zam: zusammen
zamsein: zusammen sein
Zecherl: Zehen
Zinken: Nase
Zumpferl: Verniedlichung für Penis

Mehr von uns

Du kannst dir unseren PUDELNACKERT-Podcast überall auf iTunes, Spotify, unserem Blog, YouTube und allen weiteren Podcast-Apps kostenlos anhören. Einfach PUDELNACKERT eingeben und schon geht's los.

Hier ein paar Links:

Apple Podcasts: https://apple.co/2TmIbO7
Spotify: https://spoti.fi/3g5JI4Q
YouTube: https://bit.ly/2YTf2vO

Wir freuen uns von Herzen, wenn wir in Kontakt bleiben:
WEBSITE: www.lovesisters.love
E-MAIL/KONTAKT: office@lovesisters.love
INSTAGRAM UND FACEBOOK: @lovesisters.love

Verliebe dich neu – in dich!

Unser Geschenk für dich: eine Woche Selbstliebe to go

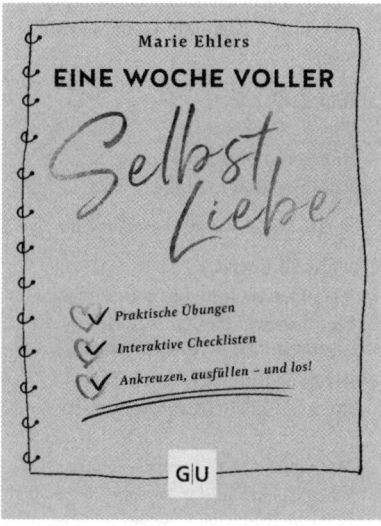

~ Du wünschst dir eine grooooße Ladung Selbstliebe?
~ Du willst negativen Glaubenssätzen adieu sagen?
~ Deine inneren Weichen auf Selbstfreundschaft umstellen?

Dann haben wir ein tolles Angebot für einen Crashkurs in Sachen Selbstliebe für dich. Eine Woche lang Impulse zum Lesen, Ankreuzen und Selbstausfüllen.

Einfach unter www.gu.de/selbstliebe gratis downloaden und schon kannst du mit deinem individuellen Selbstliebe-Check starten!

Übrigens:

Unser GU-Newsletter informiert nicht nur über Neuerscheinungen. Als Teil der GU Community erhältst du auch Videos, Rezepte, praktische Downloads – es lohnt sich!

IMPRESSUM

© 2023 GRÄFE UND UNZER VERLAG GmbH, Postfach 860366, 81630 München

GRÄFE UND UNZER

Gräfe und Unzer ist eine eingetragene Marke der GRÄFE UND UNZER VERLAG GmbH, www.gu.de

ISBN 978-3-8338-9006-2
1. Auflage 2023

Alle Rechte vorbehalten. Nachdruck, auch auszugsweise, sowie Verbreitung durch Bild, Funk, Fernsehen und Internet, durch fotomechanische Wiedergabe, Tonträger und Datenverarbeitungssysteme jeder Art nur mit schriftlicher Genehmigung des Verlages.

Ein Unternehmen der
GANSKE VERLAGSGRUPPE

Projektleitung: Nikola Teusianu
Lektorat: Sylvie Hinderberger
Korrektorat: Dr. Rainer Schöttle
Umschlaggestaltung: Petra Schmidt, ki36, München
Innenlayout:
independent medien design,
Horst Moser, München
Herstellung: Markus Plötz
Satz: Christopher Hammond
Repro: Ludwig Media, Zell am See
Druck und Bindung: Livonia Print, Riga

Bildnachweis:
Cover: Stocksy
Illustrationen: iStock
Autorenporträt: Andrea Sojka

Syndication: www.seasons.agency

Umwelthinweis
Nachhaltigkeit ist uns sehr wichtig. Der Rohstoff Papier ist in der Buchproduktion hierfür von entscheidender Bedeutung. Daher ist dieses Buch auf PEFC-zertifiziertem Papier gedruckt. PEFC garantiert, dass ökologische, soziale und ökonomische Aspekte in der Verarbeitungskette unabhängig überwacht werden und lückenlos nachvollziehbar sind.